세상에 대하여
우리가
더잘 알아야 할
교양

79

지은이 소개

지은이 **유종선**

서울대학교 외교학과를 졸업하고 미국 존스홉킨스대학 대학원에서 정치학 박사 학위를 받았습니다. 현재 울산대학교 국제관계학과 교수로 재직 중입니다. 캐나다 브리티시컬럼비아대학, 미국 존스홉킨스대학에서도 연구와 강의를 했습니다. 주요 저서로는 《미국사 다이제스트100》 이외에 《주머니 속의 미국사》 《신 국제 질서의 도전과 대응》(공저) 《동북아 환경 문제와 지역 환경 협력의 모색》(공저) 《의미와 콘텍스트》(역서) 등이 있으며 국제 관계, 동서양 정치 사상사 분야에 다수의 논문이 있습니다.

세 상에 대하여
우리가
더 잘 알아야 할
교양

유종선 지음

79

미국

어떻게 초강대국이 되었을까?

내인생의책

차례

※ 본문의 **굵은 글씨**로 표시된 단어는 145페이지 용어 설명에서 찾아보세요.

들어가며

친구처럼

가까운 나라를 '우방'이라고 합니다. 한국의 으뜸가는 우방은 누구일까요? 아마 십중팔구 '미국'이라고 답할 것입니다. 한국과 미국은 만난 지 약 150년 된 우방입니다. 이웃 중국, 일본에 비하면 역사가 얼마 되지 않지만, 이들보다 미국을 더 가깝게 생각하는 사람이 훨씬 많습니다. 미국을 통해 한국은 서양의 문물을 알게 되었고, 독립하여 나라를 지키는 데에도 미국의 도움을 받았습니다. 한국이 지금처럼 세계의 부자 나라가 된 것도 미국을 빼놓고는 이야기할 수 없습니다. 물론 관계가 항상 좋았던 건 아닙니다만, 친구 관계가 좋은 때도 있고 조금 서먹한 때도 있는 거니까 그렇게 생각하면 될 것 같습니다.

그렇다면 우리는 친구라고 부르는 미국에 대해 얼마나 알고 있을까요? 혹시 '생각보다 적게, 또는 잘못' 알고 있는 게 많지 않나요? 아마 그럴 겁니다. 미국이 50개 주로 구성된 연방국가임을 잘 모르는 사람도 꽤 있고, 주 이름을 10개 이상 말할 수 있는 사람은 매우 적습니다. 이야기를 해 보면 주변에서 한두 마디, 그것도 잘못된 이야기를 듣고 난 미국이 좋아, 난 미국이 싫어 이렇게 이야기하는 사람들이 많습니다. 이것은 바람직한 태도가 아닙니다.

사실 지금까지는 어떤 면에서 굳이 미국을 잘 알아야 할 필요가 없었습니다. 우방이라고 하지만 미국이 일방적으로 주도하는 관계였으니까 우린 그저 미국이 가자는 대로 따라가면 되는 입장이었지요. 지금은 사정이 많이 다릅니다. 한국의 국력이 몰라보게 커졌고 미국의 국력은 상대적으로 작아졌으며, 주변 환경도 크게 달라졌습니다. 당연히 한국과 미국의 관계도 달라질 수밖에 없겠지요.

이런 때일수록 서로를 잘 알려고 노력해야 합니다. 감정만 앞세우다 보면 오해가 쌓이고, 오해가 쌓이다 보면 아무리 가까운 사이라도 금이 갑니다. 최근 이런 일들이 몇 번이나 있었고 지금도 사정은 크게 달라지지 않았습니다. 오해로 150년 된 우정이 깨진다면 서로에게 얼마나 큰 상처와 손해가 되겠습니까? 특히 우리 입장에서 그렇습니다. 미국은 우리가 나라를 지키고 번영하는 데 지금까지도 중요했고 앞으로도 중요한 나라입니다. 아무런 준비도 없이 관계가 멀어지면 그간 쌓아온 관계도 아쉽고 실익도 없을 것입니다.

어떤 이들은 이제 미국을 막연히 친구라고 부를 수 있는 시대는 지났다, 관계를 다시 생각해 보아야 한다고 말합니다. 원칙적으로 맞는 말입니다. 다만 이때도 미국에 대해 잘 알아야 하는 것은 마찬가지입니다. 이 책의 제목이 《미국, 어떻게 초강대국이 되었을까?》입니다. 미국이 얼마나 초강대국인지, 그 지위가 얼마나 더 갈 것인지, 진지하게 따져 보고 그다음에 관계를 다시 생각해 보아도 늦지 않습니다. 실익이 있을지 없을지 말이지요.

또 어떤 이들은 '왜 우리만 미국을 알아야 하는가, 미국은 우리를 제대로 알려고 하지 않고 무시하는데?'라고 묻습니다. 이 말도 어느 정도 맞습니다. 그러나 이건 우리가 강요할 수 없는 문제이기도 하고, 미국 내에서도 개선하려는 노력이 없는 건 아니니까 앞으로 지켜볼 사안입니다. 국력에 차이가 있으니까 어쩔 수 없이 우리가 감내해야 하는 부분도 있고요. 다만 최근 세계를 휩쓰는 한류 문화, 한국의 경제성장, 민주주의로 인해 한국에 대한 미국의 인식이 과거와는 크게 달라졌습니다. 지금은 오로지 북한 핵무기에만 미국의 관심이 쏠려 있어 아쉽지만, 이것도 우리가 미국을 알아가는 좋은 기회가 될 수 있습니다.

어떻게 미국을 조금 더 잘 알 수 있을까요? 아쉽게도 여기에 쉬운 답은 없습니다. 직접 가서 보고 겪는 것이 최선의 방법이지만 누구나 할 수 있는 건 아니니까요. 영어에 어느 정도 능숙하다면 미국 친구들을 사귄다든지, 미국 신문을 읽고 방송을 들어본다든지, 미국 배낭여행을 한번 해보는 것도 도움이 됩니다. 필자가 권하는 것은 우선 미국의 역사를 공부해 보라는 것입니다. 사람도 그가 어떻게 살아왔는지를 알면 그가 왜 그렇게 생각하고 행동하는지, 내가 어떻게 해야 이 사람과 좋은 관계를 오래 유지할 수 있을지 알 수 있는 것과 마찬가지입니다.

이 책에서 글쓴이가 염두에 두었던 것도 그것입니다. 우리가 미국에 대해 알고 싶어 하는 몇 가지 주제들을 역사적 배경을 통해 쉽게 설명하고자 했습니다. 아마 여러분이 생각하는 관점과 심지어 결론조차 조금 다를지 모릅니다. 그러나 역사를 알고 하는 말과 모르고 하는 말은 이야기의 내용과 진실에 큰 차이가 있을 수 있습니다. 미국을 알고자 하는 사람이면 역사 공부를 게을리해서는 안 됩니다.

아쉽게도 지면의 제한으로 미국에 대한 이야기를 이 책에 충분히 담을 수는 없었습니다. 특히 미국의 사회, 경제, 문화 부분을 전혀 다루지 못한 것은 아쉽습니다. 이 책은 하나의 입문서로 생각하면 좋을 것 같습니다. 이 책을 통해 여러분이 미국에 대해 조금이라도 더 알게 되고 미국에 새로운 관심이 생기고 미국을 어떤 식으로 공부하는 게 좋겠다는 생각이 떠오른다면, 그것으로 글쓴이의 의도는 충분히 달성되리라 생각합니다.

1장 약속의 땅, 선택된 나라
— 기독교 국가 미국

한 나라가 시작된 이야기는 그 나라의 정체성에 관해 우리에게 많은 것을 이야기합니다. 우리의 단군 신화를 떠올려 볼까요? 홍익인간, 환인, 환웅, 웅녀, 단군왕검……. 말 그대로 동화처럼 아름답고 신화처럼 신기한 이야기입니다. 민족의 긍지, 뿌리 의식, 사명감이 이 아름다운 이야기에 다 녹아 있지요. 10월 청명한 가을에 우리는 '하늘이 열리고' 우리 한민족과 나라가 시작된 위대한 날을 기념합니다.

이렇듯 세계 여러 나라의 건국 이야기는 대개 신화입니다. 신화는 역사보다 더 많은 이야기를 더 아름답게 할 수 있습니다. 또 굳이 역사적 사실일 필요도 없습니다. 말 그대로 신화일 뿐이니까요.

신화와 역사

미국의 시작에 관한 이야기도 어느 정도는 그렇습니다. '공식 역사'에 따르면 미국은 1620년 범선 메이플라워(The Mayflower)호를 타고 대서양을 건너온 일단의 영국인 청교도(The Puritans)에 의해 시작되었습니다. 이들이 북아메리카에 최초의 식민지(플리머스 식민지: 훗날 매사추세츠 식민지에 병합)를 세

▌ 플리머스항구에 정박하려는 메이플라워호의 그림

왔고, 이들을 뒤따라 온 사람들이 대서양 연안에 13개 식민지를 건설했습니
다. 이 식민지들이 1776년 영국으로부터 독립해 세운 나라가 미국입니다.

그러나 이 '공식 역사'는 사실 미화된 이야기입니다. 역사적 사실에 맞지
않는 부분도 있지요. 예를 들어 북미대륙 최초의 영국 식민지는 청교도들이
세운 플리머스 식민지가 아니라, 그보다 13년 앞서 건설된 버지니아 제임스
타운 식민지였습니다. 다만 제임스타운 식민지의 최초 개척민들이 주로 '천
한' 신분이었고, 개척 과정에서 이를테면 원주민에게 잔혹 행위를 가하는 등
여러 좋지 않은 이야기가 있었기 때문에, 이 이야기보다는 청교도들의 아름
다운 이야기가 미국의 시작에 관한 공식 역사가 된 것입니다.

순례자, 약속의 땅
17세기 영국에는 종교개혁의 여파로 생겨난 청교도(The Puritans)라는 이름
의 프로테스탄트 교도들이 있었습니다. 우리에게는 청교도혁명(1642~1651)의

주역으로 잘 알려졌지요. 이들은 가톨릭교회는 물론이고 영국 국교회에도 반대해서 국가로부터 박해를 받았습니다.

알아 두기

청교도(The Puritans)

16~17세기 영국 칼뱅파 프로테스탄트 교도들을 말합니다. 영국 자체의 종교 개혁으로 탄생한 영국 국교가 가톨릭교의 잔재를 완전히 '청산'할 것을 주장해 이 같은 명칭을 얻었습니다. 그런 의미에서 '청교도'보다는 '청결파'가 더 적절한 용어지요. 처음 북미로 건너가 식민지를 건설한 사람들은 '분리파(The Separatists)' 청교도였는데, 청교도 중에서도 특히 극단적 분파에 속했던 사람들입니다.

이들 중 '분리파(The Separatists)'라는 한 급진적 분파가 있었습니다. 박해를 피해 영국과 유럽을 떠돌던 이들이 '신의 계시와 명령으로' 한 척의 돛단배에 올라 대서양을 건너 오늘날 미국에 도착했지요. 신이 준 새 땅에 도착한 이들은 불굴의 신앙심으로 사나운 원주민과 맞서 싸우며 땅을 일구고, 그 위에 자신들의 공동체를 세웠습니다. 이렇게 건설된 북미 최초의 영국 식민지가 오늘날 미국의 시작입니다.

언뜻 들어도 이 이야기는 대단히 기독교적입니다. 훗날 미국이 '청교도의 나라'로 불린 근거이기도 합니다. 미국 역사는 처음 미국에 온 이 청교도를 '순례자(The Pilgrim Fathers)', 그들이 세운 나라를 '약속의 땅(A Promised Land)'

이라 부릅니다. '순례자', '약속의 땅'은 〈출애굽〉에 등장하는 기독교 용어지요. 기독교 구약 성서를 보면, 그 옛날 이집트에서 노예로 살던 이스라엘 사람들이 그곳을 탈출하여 홍해 바다를 건너 선조들이 살던 가나안 땅으로 돌아왔던 '출애굽'의 이야기가 자세하게 나옵니다.

단순히 역사가 그렇게 말하는 것이 아니라 실제 이들의 신념이 그랬습니다. 이들은 자신들이 신의 특별한 뜻을 이루기 위해 특별히 선택받았다고 굳게 믿었습니다. 신이 예비한 '약속의 땅'에 건너가 그들의 '가나안'을 건설하는 것을 사명으로 여겼습니다.

언덕 위의 도시

청교도의 이 같은 종교적 신념을 잘 보여주는 것이 유명한 존 윈스럽(John Winthrop)의 '언덕 위의 도시(A City upon a Hill)' 연설입니다. 존 윈스럽은 처음 대서양을 건너온 청교도들 한 갈래의 지도자로, 목사이면서 매사추세츠 식민지 초대 총독을 지내기도 했지요. 동료 청교도들과 약속의 땅을 향한 배에 올라, 그는 동료들에게 이렇게 설교합니다.

…… 우리 탄 배가 난파되지 않고 후대로 이어질 수 있는 유일한 방법은 선지자 미가(기독교 경전인 성경 구약에 나오는 인물)의 충고를 따라 정의를 행하고 사랑으로 자비를 베풀고 신과 함께 겸손히 걷는 것입니다. …… 우리는 서로를 형제애로 대해야 합니다. …… 우리는 '언덕 위의 도시(A City Upon a Hill)'입니다. 세상 모든 사람의 눈이 우리를 바라보고 있습니다. 우리가 시작한 이 일에 신의 뜻을 어김으로써 신이 도움을 우리에게서 거두어들이시면 우리는 온

세상의 조롱거리가 될 것입니다.

건국의 신화로 이보다 더 아름다운 이야기를 찾을 수 있을까요? 윈스럽의 연설은 미국사에서 가장 자주 인용되는 구절입니다. 사람들은 이를 읽고 또 읽으면서 미국 건국의 정신을 되새기지요. 정치인들도 국민의 애국심에 호소해야 할 때 이를 즐겨 인용합니다. 예를 들어 1980년 대통령 선거에 출마한 로널드 레이건(Ronald Reagan) 공화당 후보는 선거 전날 이렇게 대국민 연설을 합니다.

나는 우리 시대 미국인들이 오래전 미국에 처음 건너온 청교도들처럼 '언덕 위의 빛나는 도시'라는 이상에 불타 있다고 믿습니다. …… 포토맥강에 세워진 미국의 수도가 바로 그들이 꿈꾸던 '언덕 위의 도시'입니다. 여기에서 백인과 흑인, 유대인과 기독교도, 보수주의자와 자유주의자, 민주당원과 공화당원은 아무 의미가 없습니다. 우리는 모두 선조가 이룩한, 그리고 우리가 지켜나가야 할, 이 언덕 위의 도시를 자랑스러워하는 미국인일 뿐입니다.

- 〈A Vision for America〉, 1980년 11월 3일

이 말에 누가 '아니오'라고 말할 수 있겠습니까? 1980년 당시 미국은 안팎으로 커다란 위기에 처했습니다. **베트남전쟁**에서 패한 상처가 채 아물기도 전에, 미국의 핵심 동맹국이었던 이란에서 혁명이 일어나 미국인 다수가 인질로 잡히는 초유의 사태가 벌어진 것입니다. 이 국가 위기 상황에서 '언덕 위의 빛나는 도시, 미국'을 지키자는 절박한 호소에 미국인들은 일치단결하여

그를 대통령으로 당선시켰고, 미국은 위기를 극복하고 다시 일어섰습니다.

이처럼 '순례의 조상들'이 지녔던 용기와 사명감은 미국인들의 애국심을 고양하고 국난을 극복하는 정신적 토대가 되었지요. 이러한 사례는 미국의 역사에서 쉽게 찾아볼 수 있습니다. 이 '청교도 정신'이 오늘날 세계의 초강대국 미국을 지탱하는 중요한 정신적 자산임을 부인할 사람은 아무도 없을 것입니다.

알아 두기

미국과 기독교

최근 미국에서 기독교의 비중이 점점 낮아지는 추세입니다. 그러나 여전히 미국 대통령은 기독교 성서에 손을 얹고 취임선서를 하지요. 이처럼 미국은 기독교적 가치관이 사회 전반에 깊이 뿌리내린 기독교 국가입니다.

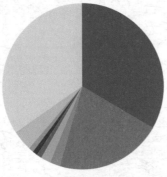

■ 개신교 33%
■ 가톨릭 21%
■ 유대교 2%
■ 이슬람교 2%
■ 동방정교회 1%
■ 힌두교 1%
■ 몰몬교 1%
■ 불교 0%
■ 기타 4%
■ 무교 34%

▌ 2017년 미국의 종교 분포

미국은 기독교 국가인가?

혹자는 이것이 과장된 이야기가 아닌지 의심합니다. 당연히 그럴 수 있습니다. 단적으로, 오늘날 미국은 어떤 면에서 이제는 기독교 국가가 아닙니다. 비기독교인도 많고 종교가 아예 없다고 말하는 사람도 전체 인구의 30퍼센트나 됩니다. '순례의 조상들'의 이야기가 사실이라 해도 지금 미국 사람들이 과연 이것을 믿을까요? 오직 자신들만이 '순례의 조상들'의 진정한 후예라고 믿는 일부 백인 보수 기독교도들만의 생각이 아닐까요?

이 질문에 한마디로 답하기는 쉽지 않습니다. 로버트 벨라(Robert Bellah)라는 미국의 유명한 종교사회학자가 이와 관련하여 견해를 밝혔지요. 그는 '순례의 조상들'의 신념과 이상이 종교를 떠나 역사 속에서 미국인들의 사회·국가적 신념으로 자리 잡았다고 하면서, 이를 '미국 시민종교(American Civil Religion)'라고 불렀습니다. 기독교는 아니지만, 이 '미국 시민종교'는 의심할 여지 없이 '기독교적'이고, 이런 점에서 미국은 여전히 기독교 국가라고 말할 수 있습니다. 비유하자면 오늘날 한국은 더는 조선 시대처럼 유교를 숭상하지 않고, 많은 사람이 유교가 아닌 서양의 종교를 따릅니다. 하지만 여전히 유교적 가치관이 한국 사람들의 정신세계를 지배하므로, 이런 의미에서 한국을 지금도 '유교 사회'라고 부를 수 있는 것과 같습니다.

얼마 전 미국 한 도시에서 지역의 초·중·고등학생들을 대상으로 '미국이라는 말을 들을 때 처음 생각나는 말이 무엇인지'를 물었습니다. 가장 많이 나온 대답이 용기(courage), 자랑스러움(proud), 특별함(unique), 희망(hope), 자유(freedom), 기회(opportunities), 미국의 꿈(American Dream) 같은 단어들이었습니다. 이 학생들이 모두 기독교인일 리는 없지만, 이들이 생각하는 미국은 여전히 청교도들이 꿈꾸었던 미국과 닮았습니다. 이들의 신념은 비록 기독교적이지 않을지 몰라도 여전히 숭고한 종교적 신념에 가깝습니다. 그리고 이 종교적 신념은 다시 이야기를 통해 이들의 후손에게 전해질 것입니다. '순례의 조상들'의 이야기는 여전히 살아 있는 현재이고 앞으로도 그럴 것입니다.

미국, 미국의 꿈

미국 스스로뿐만 아니라 세계 사람들이 생각하는 미국도 그렇습니다. 아마도 많은 사람이 미국 하면 '미국의 꿈'을 떠올릴 것입니다. '미국의 꿈'이란 한마디로, 아무리 어려운 처지에 있더라도 용감히 도전하고 노력하면 자신의 꿈을 이룰 수 있다는 믿음입니다. 비록 그 '꿈'의 내용은 달랐지만 '순례의 조상들' 역시 **아메리칸 드림**을 꿈꿨고, 지금도 수많은 사람이 이 꿈을 꿉니다. 박해받고 가난하게 사는 세상 모든 사람에게 어쩌면 이는 마지막 남아 있는 간절한, 어쩌면 거의 종교적인 희망일지 모릅니다. 세계 모든 나라 가운데 오직 미국만이 인류의 이 간절한 희망을 채워줄 나라라는 믿음, 이것이 바로 미국이라는 나라가 가진 특별함이고 인류의 이러한 믿음을 상징하는 표현이 곧 '미국의 꿈'이라는 말입니다.

한국 사람들도 예외는 아닙니다. 한국과 미국이 수교한 19세기 말 이래 미국은 많은 한국 사람들에게 거의 마지막 남은 희망과도 같았습니다. 수많은 한국인이 미국의 꿈을 좇아 태평양을 건넜고, 수백만 한국인들이 지금도 이민자, 유학생 등으로 미국에서 성공을 꿈꾸고 있습니다. 미국 여자 프로골프계를 주름잡는 한국 여자 선수들을 보면, 미국에 건너온 사람들 가운데 한국인이야말로 가장 성공적으로 '미국의 꿈'을 성취한 민족이라는 생각도

듭니다.

미국 정체성의 위기

불행히도 '미국의 꿈'은 지금 사뭇 시들어가고 있습니다. 빈부격차는 갈수록 커지고 계층 간 장벽도 이전보다 크게 높아져, 가난한 사람이 노력만으로 성공하기가 예전처럼 쉽지 않습니다.

사라지는 것은 '미국의 꿈'만이 아닙니다. 지금 미국은 총체적으로 심각한 정체성의 위기에 직면했습니다. 자신이 누구인지를 혼란스러워합니다. 많은 미국인에게 청교도들의 이상과 신념은 자신들과는 전혀 상관없는 그저 먼 옛날, 먼 나라 이야기일 뿐입니다. 이런 상황에서 과연 우리가 미국의 정신이라고 부를 만한 무엇이 존재할 수 있을까요?

미국이 이 같은 정체성의 위기에 직면한 원인을 우리는 두 가지로 생각해 볼 수 있습니다. 내부적 분열, 외부로부터의 도전이 그것입니다.

집중탐구 WASP(White,Anglo-Saxon Protestants)

WASP는 백인(White), 앵글로색슨(Anglo-Saxon), 기독교도 (Protestants)의 약자로, 미국 주류 사회의 인종과 종교 구성을 보여주는 개념입니다. 이들은 백인 우월주의와 보수주의의 성향이 강합니다. 미국 남부를 동서로 가로지르는 소위 성서 벨트(The Bible Belt)가 이들 백인 보수세력의 근거지입니다.

먼저 미국 사회 내부의 분열입니다. 특히 그동안 미국의 주인, 주류를 자처해온 보수 백인 기독교도들의 지위가 위협을 받고 있습니다. 늘어나는 이민, 히스패닉 등 소수민족의 급격한 인구증가로 미국에서 백인들은 더는 압도적 주류가 아닙니다. 이대로 가면 이들이 전체 인구에서 차지하는 비율이 50퍼센트 밑으로 내려갈 수도 있습니다. 그동안 이들이 자랑스럽게 했던 청교도의 이야기가 더는 통하지 않게 된 것은 어찌 보면 당연한 일일 수 있습니다. 사실 백인이 아닌 입장에서는 불만이 많았지요. 미국이 청교도가 세운 청교도의 나라라고요? 거들먹거리기만 했지, 이 사람들이 무슨 고생을 했나요? 실제 허리가 휘도록 고생하며 미국을 개척한 사람들은 가난한 이민자들 아닌가요? 노예로 짐승같이 살았던 흑인들은? 기독교와 문명의 이름으로 희생된 그 수많은 원주민은? 할 말이 많았음에도 백인들의 위세에 눌려 찍소리도 내지 못했던 이들이 이제 백인들과 그들의 이야기에 반발합니다. 그리고 미국은 점점 안에서 분열되고 있습니다.

집중탐구 미국에서 각 인종을 부르는 이름

백인(The White people): 앵글로색슨, 게르만, 라틴, 슬라브 등 유럽계 혈통의 총칭.

흑인(The Black people): 아프리카계 혈통의 총칭. 인종과 국적을 같이 말할 때는 아프리카계 미국인(The Afro-Americans)이라고 합니다. 미국에서 유색인(Colored People)이라는 표현도 대개는 흑인을 지칭하지

요. 검둥이(Negroes, Niggers)라는 명칭은 절대 사용해서는 안 됩니다.

미국 원주민(The Native Americans): 한때는 북미 인디언(The American Indians)이라고 했지만, 지금은 미국 원주민(또는 원주인)이 공식 명칭입니다.

아시아인(The Asians): 동아시아, 동남아시아 출신 아시아계 혈통의 총칭. 검둥이와 마찬가지로 이들에 대한 황인종(The Yellow)이라는 명칭도 인종차별적 용어입니다. 인종보다는 한국인, 중국인, 베트남인 등 그냥 출신 국가만으로 구별하는 경우가 많습니다. 보통 출신 국가를 앞에 붙여 한국계 미국인(The Korean-Americans), 중국계 미국인(The Chinese-Americans) 등의 명칭을 사용합니다.

히스패닉(Hispanic) 또는 라티노(Latino): 중남미, 특히 멕시코 출신 사람들을 말합니다. 백인, 흑인, 혼혈, 원주민 등 다양한 인종들이 이 안에 포함되기 때문에 엄격한 의미에서 혈통이나 인종을 지칭하는 용어는 아닙니다.

중동 출신 사람들에 대해서는 아시아인에 포함하지 않고 따로 구별하는 경향이 있습니다. 보통 출신 지역이나 국가(이란인, 시리아인, 이라크인 등)로 구별합니다. 중동 출신이라고 해서 아무나 무슬림(The Muslims)이라고 불러서는 안 됩니다. 중동 사람이라고 해서 다 무슬림도 아닐뿐더러 미국에서 무슬림이라는 용어 자체가 아주 위험한 정치적 뉘앙스가 있기 때문입니다.

결국 백인, 흑인을 제외하면 미국에서 인종을 구별하는 용어는 되도록 사용을 삼간다는 것, 어떤 경우에도 흑인을 '검둥이'라고 불러서는 안 된다는 사실을 기억하기 바랍니다.

다른 하나는 외부로부터의 도전입니다. 미국은 이미 과거의 초강대국이 아닙니다. 1970년대 이후 국력의 퇴조가 뚜렷합니다. 일본, 독일 같은 전통적 경제 대국만이 아니라 이제는 중국 같은 신흥 개발국이 미국을 따라잡을 기세입니다. 북한처럼 옛날에는 한 줌도 안 된다고 생각했던 조그만 나라들이 '감히' 미국에 도전하는 일이 벌어졌습니다. 미국은 당황하며 우두커니 서 있을 뿐입니다.

이런 변화된 상황이 미국의 신념을 뿌리째 흔들었습니다. 미국은 자유, 민주주의, 기독교를 세계에 전파하도록 신의 선택을 받은 나라였습니다. 그리고 지금까지 신은 미국이 하는 모든 일에 함께했습니다. 적어도 미국인들은 그렇게 확신했습니다. 지금 그 굳건한 신념이 무너지고 있는 것입니다.

그런 점에서 지금 미국은 위기입니다. 외형적으로뿐만 아니라 정신적으로도 그렇습니다. 비유하자면 지금까지 훌륭한 가문의 자랑스러운 후손인 줄 알았는데, 사정이 안 좋아지자 주변 사람들의 이야기로 집안과 출생의 흑역사를 알게 된 혼란스러운 상황이라고 할 수 있겠습니다.

원칙적으로만 이야기하면 이는 미국에 위기이면서 기회일 수도 있습니다. 어차피 알게 될 이야기인데, 이를 통해 자신의 정체성을 다시 세우고 미래로 나아가는 새로운 힘을 얻을 수도 있겠지요. 솔직히 미국의 기독교적 신념이 세상 모든 사람에게 '좋은 소식'이었던 것만은 아니지 않습니까?

문제는 여러 상황으로 볼 때 미국이 이 위기를 기회로 삼지 못하고 무너질 가능성이 작지 않다는 것입니다. 이는 미국에는 물론 좋지 않은 소식이지만, 그렇다고 세계가 마냥 기뻐할 일도 아닙니다. '아메리칸 드림'이 무너지는 것은 어떤 의미에서 인류의 동경과 희망이 사라짐을 의미할 수 있기 때문입니다. 과연 미국이 이 위기를 극복하고 세계의 희망으로 남을지, 이 질문에 대답할 실마리를 이 책이 제공할 수 있기를 바랍니다.

간추려 보기

- 1620년 메이플라워호를 타고 대서양을 건너온 영국인 청교도들이 플리머스 식민지를 세웠다. 이것이 미국의 시작에 관한 공식 역사로 알려져 있지만, 실은 1607년 버지니아 제임스타운 식민지가 북아메리카 최초의 영국 식민지다.
- 미국은 세상의 이목이 집중되는 '언덕 위의 도시(A City Upon a Hill)'이기에, 신의 뜻을 이행해야 한다는 사명감으로 성장해왔다. '미국의 꿈(American Dream)'은 아무리 어려운 처지에 있더라도 용감히 도전하고 노력하면 자신의 꿈을 이룰 수 있다는 믿음을 의미하게 되었다.
- 그러나 지금 미국의 꿈은 물론 미국의 정체성도 심각한 위기에 직면했다. 보수 백인 기독교도의 비중이 줄어 인종적 내분이 뚜렷해지고 있으며, 국력의 퇴조로 인해 외부로부터의 도전도 커지고 있다.

2장 **자유의 나라**

미국

하면 제일 먼저 생각나는 단어가 무엇인가요? 아마도 '자유'를 떠올리는 사람이 가장 많을 것입니다. 미국은 자유의 나라(The Land of the Free)다, 맘대로 해도 누구도 강요하거나 간섭하지 않는다고 생각합니다. 실제로 그렇습니다. 서구 사회가 다 자유로운 편이지만 미국은 특히 그렇습니다. 미국에서 가장 큰 도시인 뉴욕시의 중심부를 맨해튼이라고 부릅니다. 미국에 오는 관광객들이 많이 찾는 곳입니다. 중심을 가로지르는 브로드웨이 길거리에 서서 각양각색의 사람들을 보고 있으면 정말 자유로워 보이고, 이 사람들과 함께 나도 자유로워지는 듯한 해방감이 들기도 합니다.

자유가 아니면 죽음을

미국인들에게 자유는 매우 소중합니다. '자유의 나라'(미국 국가), '자유가 아니면 죽음을'(미국 독립운동 시기 정치가인 패트릭 헨리의 연설 중에서), '자유의 여신상', '자유의 종', '자유의 전사' 등 미국 어디를 가도 자유라는 말이 넘쳐납니다. 미국에 살면 (특히 외국인이) 자주 듣는 말이 '자유로운 나라야!'(It's a free country!) 그러니까 네 마음대로 해'라는 말입니다. 한마디로 미국과 미국인들에게 자유는 거의 종교적 신념과도 같습니다.

자유에 관한 미국인들의 이러한 열정은 미국의 역사를 볼 때 조금도 놀라운 일이 아닙니다. 청교도들과 초기 이민자들은 박해와 압제를 피해 온 사람들이었기 때문에 그만큼 자유의 열망이 강렬했습니다. 여기에 신대륙 자체가 말이 식민지일 뿐 거의 무한대의 자유가 보장된 땅이었습니다. 본국이 멀리 떨어져 있었으니까 소위 공권력이라는 것이 미치지 못했고, 그것조차 싫을 때는 하루쯤 서쪽으로 가면 정말 누구도 간섭하지 않는 절대 자유의 빈 땅이 끝없이 펼쳐져 있었으니까요. 이처럼 독립 이전에 이미 자유는 신대륙 사람들의 몸과 마음에 새겨져 있었습니다. 자유가 하나의 자연스러운 삶의 방식으로 자리 잡은 것이지요.

미국 독립선언문

헌법과 자유

미국의 독립과 건국의 정신도 당연히 자유에 초점을 두었습니다. 유명한 〈독립선언문(Declaration of Independence)〉(1776)은 이렇게 선언합니다.

…… 모든 사람은 평등하게 태어났으며 신은 그들에게 누구도 빼앗을 수 없는 몇 가지 권리를 부여했다. 여기에는 생명과 자유와 행복추구의 권리가 포함된다. 이 권리를 확보하기 위해 인민은 정부를 만들었으며 …… 정부가 이런 목적을 파괴할 때에는 인민은 언제든지 이를 변혁 또는 폐지하고 …… 정부를 새로이 조직할 수 있는 권리가 있다.

평등, 생명, 자유, 행복, 민주주의. 이 중에서도 핵심은 '자유'입니다. 자유가 없는 생명은 의미가 없고, 행복은 오직 자유로울 때만 성취될 수 있고, 사람들이 평등한 것은 모두 자유의 권리를 가지고 있기 때문입니다. 민주주의를 해야 하는 이유도 오직 그것만이 사람들에게 자유를 보장해 줄 수 있다고 믿기 때문입니다. 자유는 누구도 빼앗을 수 없는 신이 준 권리이고, 정부의 목적은 사람들에게 자유의 권리를 보장하는 데 있으며, 자유를 억압하는 정부에는 저항할 수 있다고 선언합니다.

독립 뒤 제정된 헌법은 〈권리장전(The Bill of Rights)〉으로 이 자유의 권리들을 명문화했습니다. 여기에는 여러 가지가 있지만, 가장 중요한 것은 '종교와 사상의 자유'입니다. 당연합니다. 종교적 박해를 피해 온 사람들, 그들의 후손이 세운 나라가 미국이기 때문입니다. 〈권리장전〉의 제1항, 그러니까 미국 헌법 수정 1조의 내용은 이렇습니다.

연방의회는 국교를 설립하거나, 종교의 자유를 금지하거나, 언론 또는 출판의 자유를 제한하거나, 평화적 집회의 권리 그리고 부당한 조치의 철폐를 정부에 청원할 수 있는 권리를 제한하는 법을 만들 수 없다.

이어 수정 2조는 자유를 억압하는 국가 권력에 저항할 수 있도록 '무기를 소지하고 휴대할 수 있는 권리'를 사람들에게 부여하고 있습니다.

알아 두기

미국 헌법의 권리장전(Bill of Rights)
미국 헌법은 국민의 기본권을 헌법 본문이 아닌 수정 1~10조에서 따로 규정합니다. 이를 미국 헌법의 권리장전이라 부릅니다. 제헌 회의에서 마련한 헌법 초안에는 이 기본권을 '당연한' 것으로 간주하여 규정에 넣지 않았습니다. 하지만 정부의 독재를 우려한 반연방주의자들의 강력한 요구로 이 권리장전을 헌법에 반영하여, 초대 의회가 헌법을 비준할 때 같이 통과시켰습니다. 종교와 사상의 자유(1조), 무기 소지와 휴대의 권리(2조), 법에 의하지 않은 강제 군대 징집 금지(3조), 영장 없는 수색 · 체포 금지(4조), 형사 사건의 배심재판 의무화(6조), 과도한 처벌 금지(8조), 헌법에 규정되지 않은 권리의 포괄적 보장(10조) 등이 주요 내용입니다.

자유의 한계

여기서 이런 질문을 하는 사람이 있을지 모르겠습니다. "종교와 양심의 자유, 이거 어느 나라나 있는 거 아닌가? 심지어 북한이나 중국 같은 사회주의 국가도 그렇다고 하던데?" 맞습니다. 문제는 실제로 얼마나 그러한 자유가 보장되느냐 하는 거겠지요. 이는 단순히 법 조항이 아니라 역사와 경험의 문제입니다. 미국은 국가의 이념적 기초 자체가 자유입니다. 자유가 거의 절대적 가치이고, 다른 어느 사회보다 폭넓은 자유가 보장되는 사회입니다.

어디까지 허용이 될까요? 남에게 해를 끼치거나 남의 동일한 자유를 빼앗지만 않으면 양심에 따라 무엇이든 할 수 있습니다. 철학자 존 스튜어트 밀(John Stuart Mill)이 《자유론(On Liberty)》에서 말한 유명한 '위해의 원칙(The Harm Principle)'이 이것입니다. 밀은 영국 사람이지만 그가 주장한 자유는 영국이 아닌 미국에서 꽃을 피웠습니다. 이 원칙 자체가 자유에 대한 매우 관용적인 태도를 암시하지만, 무엇이 타인에 대한 위해가 되는지에 관한 사회적 관념과 법원의 판례도 매우 너그럽습니다. 단적인 예로 공공장소에서 정부에 대한 항의의 표시로 국기를 불태우는 행위, 종교와 양심을 이유로 징집명령에 거부하는 것, 동성애와 동성결혼 이 모든 것이 미국에서는 합법적인 자유의 권리입니다. 우리가 볼 때 지나치게 수위가 높은 포르노그래피, 차별적이고 공격적인 발언들이 표현의 자유라는 이름으로 용인되는 나라가 미국입니다.

사람들은 이런 자유를 본능적으로 조금 두려워하는 경향이 있습니다. 자칫 사회가 혼란과 무질서로 엉망이 되지 않을까 하고 말이지요. 그래서 우리는 자유를 배울 때 '자유와 방종은 다르다'라는 말을 먼저 배웁니다. 자유는 좋지만 뭔가 위험하고, 그대로 두면 방종으로 흐르기 때문에 항상 조심하고 자제할 필요가 있다고 배웁니다. 스스로도 위축되는 경우가 많습니다. 유행하는 문신을 좀 해 볼까 하다가 다른 사람들이 어떻게 볼지 신경 쓰여 곧 그만두는 경우처럼 말이지요. 그래서 자유의 반대는 당연히 억압, 독재가 되어야 하는데도 방종, 무질서가 자유의 반대말이 되고 말았습니다.

나라마다 정도의 차이는 있지만, 사람들은 자유를 희구하면서도 이를 두려워하는 이중성을 가집니다. 아마 자유의 속성이 그런 것 같기도 합니다. 그렇지만 자유에 관한 미국인들의 사고방식은 다릅니다. 한마디로 자유를 두려워하지 않습니다. 자유가 방종으로 흐를 위험을 먼저 생각하는 것이 아니라, 말 그대로 자유를 먼저 생각합니다. 자유롭게 생각하고, 자유롭게 행동하도록 일단 내버려 두지요. 그 결과에 관해서는 각 개인이 책임을 져야 하고, 자유를 누리려면 어느 정도의 대가는 치러야 한다고 생각하는 경향이 있습니다.

인물탐구 존 스튜어트 밀

영국의 철학자·공리주의자(1806~1873).《자유론》의 저자로 유명합니다. 나와 다른 사람에게 해를 가하는 것을 막는 목적이 아니라면, 어떤 이유로도 타인의 자유에 간섭할 수 없다는 자유의 유명한 원칙을 제시했습니다. 이를 '위해의 원칙'이라고 합니다. "만족한 돼지보다 불만족한 인간, 만족한 바보보다 불만족한 소크라테스가 낫다"라는 명언도 남겼습니다.

나의 자유, 타인의 자유

미국에서 자유의 또 다른 속성은, 타인의 자유에 간섭하지 않는다고 하는 것입니다. 당연합니다. 내 자유가 소중하면 남의 자유도 소중하니까요. 그러나 이를 실천하는 것은 생각처럼 쉽지 않습니다. 특히 종교나 사상의 문제가 그렇습니다. 내 생각과 신념이 옳다고 생각하면 그때부터 내 생각을 남에게 강요하려고 합니다. '남의 생각도 옳을 수 있다, 나처럼 상대방도 사상의 자유가 있다, 내가 간섭받기 싫어하는 것처럼 상대방도 그럴 것이다'라는 생각을 하기가 쉽지 않은 것이지요. 미국 사회에서는 이런 행동이나 사고방식이 절대 용인되지 않기 때문에 매우 주의해야 합니다.

　미국에서 종교의 자유를 말할 때 헌법과 더불어 항상 인용되는 토머스 제퍼슨의 유명한 발언이 있습니다.

"내 이웃이 다신론자든 무신론자든 나한테는 아무런 해가 없다. 내 주머니에 손을 넣는 것도 아니고 내 다리를 부러뜨리는 것도 아니다."

– 《버지니아주 논고(Notes on the State of Virginia)》

▌ 미국의 제3대 대통령이자 미국 독립
선언문을 기초한 토머스 제퍼슨

　이렇게 생각하기 때문에 미국 사람들은 타인이 자신의 자유에 간섭하는 것을 극도로, 거의 본능적으로 싫어합니다. 남이 부당하게 간섭한다고 느끼면 "자유로운 나라 아냐?"라고 말합니다. 웃으면서 말해도 이건 농담이 아닙니다. 내 자유에 간섭하지 말라는 일종의 경고입니다.

자유의 역설 – 개인주의

여기까지 이야기를 듣다 보면 미국은 자유로운 나라라고 생각하면서도, 다른 한편으로 이렇게 해서 될까 하는 걱정이나 의구심이 들 수도 있겠습니다. 맞습니다. 자유의 가치 자체는 소중하지만, 무제한의 자유라는 것은 있을 수도 없고 위험합니다. 심지어 자유가 자유를 억압하는 역설의 상황이 올 수도 있습니다. 미국은 자유를 절대적 가치로 추구하는 사회인 만큼, 이 위험도 더 크다고 할 수 있습니다. 이미 심각한 현실이 되어 가고 있지요.

우선 자유는 필연적으로 사람들을 개인주의와 상호 피상적 관계로 몰아갑니다. 내 자유는 지켜야 하고 남의 자유는 간섭해서는 안 되니까 아예 관계를 꺼리기도 하고, 사귀더라도 절대 선을 넘으려고 하지 않습니다. 매너 있고 예의 바르고 웃고 악수하지만 따뜻한 우정이나 인간미와는 거리가 멉니다. 가까이 가려고 하지 않는 것이지요.

이런 상황에서는 자유가 사람을 자유롭게 하는 것이 아니라 오히려 위축시키기도 합니다. 그리고 때로는 이것이 터무니없게 공격적인 모습으로 나타나기도 합니다. 예를 들어 미국인들은 일반적으로 다른 나라에 가서 지나치게 활발하고 자유롭게 행동하는 경향이 있습니다. 자유를 과시하려는 것이지요. '난 이렇게 자유로운데, 너희들은 어때?'라고 하는 것처럼 말입니다. 이런 걸 보면서 사람들은 미국인들이 '건방지다(arrogant)'라고 생각합니다. 특히 유럽에서 미국인들에 대해 이런 인상을 느끼는 사람들이 많습니다.

자유의 역설 – 불평등

미국 사회의 심각한 경제적 불평등 문제도 미국이 절대 가치로 추구하는 자유와 관계가 있습니다. 미국인들은 사회와 개인의 일에 국가 권력이 간섭하는 것을 본능적으로 좋아하지 않습니다. 경제 영역에서도 마찬가지예요. 잘살고 못사는 것을 그냥 각자의 능력, 시장의 경쟁 원리에 맡기는 성향이 강합니다. 보수적인 공화당은 말할 것도 없지만 민주당이라고 해서 근본적으로 다르지 않습니다. 그러면 어떻게 될까요? 자연스럽게 잘사는 사람, 못사는 사람이 생겨나고, 둘 사이의 격차가 점점 커집니다.

지금 미국이 그렇습니다. 미국은 주요국 가운데 빈부격차가 가장 큰 나라입니다. 미국을 '부자의 천국, 빈자의 무덤'이라고 말하는 사람도 있습니다. 부자는 말 그대로 온갖 자유를 누릴 수 있습니다. 그러나 가난한 사람들에게 자유는 그림의 떡에 불과합니다. 공산주의자 엥겔스가 말한 '굶어 죽을 자유' 같은 것이지요. 물론 이것은 진정한 자유가 아닙니다. 미국은 자유롭고 화려하고 잘사는 듯이 보이지만, 그 어두운 이면에는 실질적으로 자유를 잃어버린 가난한 사람들이 넘쳐납니다.

미국은 자유의 나라이면서 동시에 자유의 위기에 처한 나라이기도 합니다. Freedom House라는 비정부 기관의 2019년 보고서에 따르면 미국은 전체 자유 지표에서 대부분의 서구 민주주의 국가들에 뒤질 뿐 아니라, 최근 20년간 지표 성적이 꾸준히 낮아지는 추세에 있습니다. 오늘날 미국이 세계 곳곳의 일에 간섭하는 명분이 '자유를 수호하고 전파한다'라는 것인데, 이러면 누가 미국 말을 들으려 하겠습니까? 오히려 위선자라는 비난을 듣겠지요. 자유의 위기를 극복할 방법을 찾지 못하면 미국은 앞으로 내부적으로나 외부적으로 여러 곤경에 처할 것입니다. 이것이 미국의 앞날에 매우 중요한 문제라는 점은 두말할 나위가 없습니다.

┌───┐
│   간추려 보기   │

• 미국의 〈독립선언문〉과 〈권리장전〉은 자유의 권리를 명문화했다.
• 타인에게 위해를 가하거나 간섭하지 않는 한, 미국인들은 폭넓은 자유를
  당연시한다.
• 자유의 이면에는 개인주의, 불평등과 같은 미국의 사회 문제도 존재한다.
└───┘

3장 견제와 균형
– 미국 민주주의의 탄생

북아메리카

식민지들이 영국으로부터 독립을 선언한 것은 1776년 7월 4일입니다. 7월 4일은 독립기념일(Independence Day)이라고 해서 지금도 미국의 가장 큰 국경일입니다. 우리로 치면 광복절이 되겠군요. 약 150년 동안 영국의 지배를 받다가 독립한 셈인데, 왜 이렇게 독립이 늦었는가 하고 묻는다면 그냥 '시간이 좀 필요했고 마침내 때가 되어서'라고 대답할 수밖에 없을 것 같습니다. 이미 식민지가 본국보다 커졌고 통제도 되지 않는데 독립하지 않는 것이 오히려 이상했겠지요. 물론 명분은 있었습니다. 독립선언문에 나와 있듯이 영국이 식민지에 독재를 자행했다는 것인데, 이는 그저 명분에 불과했습니다.

미국의 탄생

아무튼, 이렇게 독립을 선언하고도 미국이 하나의 독립주권 국가로 공식 출범하기까지는 약 15년의 세월이 더 걸렸습니다. 우선 영국과의 독립전쟁이 쉽게 결말이 나지 않았습니다. 거의 10년을 끌었지요. 그러나 이것 못지않게 중요한 이유는 어떤 나라를 세울지에 대해 여러 주가 합의를 하지 못했기 때문입니다. 여러 다른 의견들이 있어 임시로 상호동맹체제(confederation) 수준

▌ 미국 초대 대통령인 조지 워싱턴

의 중앙정부를 운영해 보았는데, 이건 뭐 국가라고도 할 수 없는 허수아비에 불과 했습니다. 그래서 논란 끝에 좀 더 강력한 연방정부(federal government)를 세우기로 하고, 각 주 대표들이 1787년 필라델피아에 모여 이의 기초가 될 헌법을 만들었습니다. 각 주가 이를 비준하고, 필요한 몇 가지를 손보고, 헌법에 따라 대통령과 국회의원들을 뽑는 등등 우여곡절

끝에 1789년 독립 국가 미국의 정부가 공식 출범했습니다. 초대 대통령에는 독립전쟁의 영웅 조지 워싱턴이 당선의 영예를 안았습니다.

자유, 민주, 공화국

이렇게 미국이라는 나라가 무대에 등장하는데, 여러 면에서 이는 획기적인 역사적 사건입니다. 무엇보다 미국은 근대 역사에 처음 등장한 자유 민주공화국입니다. 대한민국을 비롯하여 오늘날 세계 대부분의 나라가 공화국, 그중에서도 자유 민주공화국인데, 그 시초가 미국이고 미국을 모델로 한 것입니다.

자유 민주공화국이란 무엇인가요? 먼저 자유는 자유주의(liberalism)를 말하고, 이는 개인의 권리와 자유에 최고의 가치를 두는 정치사상을 말합니다. 개인보다 사회나 공동체의 가치를 우선시하는 것과는 반대되는 개념입니다. 유명한 미국 독립선언문에 내용이 함축되어 있는데, 다음의 세 가지 원리가 대강을 이룹니다.

- 모든 사람은 신으로부터 받은, 따라서 누구도 빼앗을 수 없는, 생명·자유·
  행복추구의 권리가 있다.
- 국가와 정부의 설립 목적은 각 사람에게 이 권리를 확실히 보장하는 데
  있다.
- 이를 보장하지 못하는 국가와 정부는 정당성이 없기 때문에 여기에 저항
  할 수 있다.

더 설명이 필요 없을 정도로 자유주의가 잘 요약되어 있습니다.

민주공화국은 '공화국'이 무엇인지를 먼저 알아야 합니다. 공화국이란 한 사람(왕)이나 몇 사람(귀족)이 지배하는 것이 아니라, 공동체에 속한 다수의 사람이 정부의 일에 참여하는 국가 형태를 말합니다. 그냥 '다수지배'의 정부 또는 국가 형태라고 정의할 수도 있겠습니다. 민주공화국은 그러한 '다수지배'가 '민주'라는 특수한 방식을 통해 실현되는 공화국을 말합니다. 더 쉽게 말하면 공동체를 구성하는 모든 성인 남녀가 선거권과 피선거권을 가지고 정부의 일에 참여하는 것을 말합니다.

민주공화국이 아닌 공화국이 있나요? 물론 있습니다. 역사에서 유명한 로마 공화국은 '시민권'을 가진 일부 사람들만 정부 일에 참여할 자격이 있었습니다. 공화국 전체 성인 남녀의 5퍼센트도 되지 않았지요. 이는 말이 다수지배지 실제로는 소수지배에 더 가까웠습니다. 미국도 처음에는 이와 비슷했는데, 이에 관해서는 다음에 설명하겠습니다. 아무튼, 민주공화국은 정부의 일에 참여할 수 있는 권리가 특별한 자격을 갖춘 공동체 내 일부 사람이 아니라 구성원 모두에게 주어지는 것을 말합니다.

▍ 미국 국회의사당

공화국과 민주주의는 다르다

그렇다면 미국은 어떻게 자유 민주공화국이 되었을까요?

영국으로부터 독립한 식민지들의 목표는 하나였습니다. '자유 공화국'을 수립하는 것이었지요. 개인의 자유가 보장되어야 하는 것은 일단 당연했습니다. 압제를 피해 온 사람들이, 압제에 저항해서 세운 나라가 바로 미국이었으니까요. 공화국도 마찬가지로 당연했습니다. 일단 왕정이나 귀족정은 사람들의 맹렬한 거부감이 있었고 현실적으로 가능하지도 않았습니다. 거기에 '자유'가 보장되기 위해서는 이를 다른 사람들에게 맡겨서는 안 되고 모두가 정부 일에 참여해서 공동으로 이를 지켜야 한다고 생각했습니다. 공화국이 바로 그런 국가 형태였지요.

문제는 그다음입니다. 원칙적으로는 공화국 외 대안이 있을 수 없는데,

막상 현실로 부딪혀 보니까 문제가 그렇게 만만치 않았던 겁니다. 어떤 문제들이 있었을까요?

놀랍게도, 가장 심각하고 중요했던 것은 '민주주의'의 문제였습니다. 앞서 말했듯이 공화국은 다수가 지배하는 국가 또는 정부를 뜻합니다. 문제는 그 '다수'가 도대체 누구냐 하는 점이었지요. 그때나 지금이나 사회의 다수는 '가난한 대중'입니다. 이 사람들을 모두 정부에 끌어들이면 다수의 힘으로 부자들의 재산을 빼앗아 자기들끼리 나누어 가지려고 하지 않을까요? 사람들이 국가와 정부를 세운 중요한 목적 가운데 하나가 바로 재산을 보호받으려는 건데, 이건 정말 아니지 않나요?

1787년 필라델피아에 모인 각 주 대표들 거의 모두가 그렇게 생각했습니다. 그래서 이들은 두 가지를 생각해 냈습니다. 첫째는 선거권과 피선거권을 시민의 자격을 갖춘 일부 사람들로 제한하는 것입니다. 그 시민의 자격이라는 건 기본적으로 재산이었습니다. 재산이 있어야 책임 있는 시민이 될 수 있다는 뜻이었지요. 그래서 '일정한 재산을 지닌 성인 남자들'에게만 선거권과 피선거권을 부여했습니다. 가난한 사람, 남에게 생계를 의존하는 사람, 노예, 여성 등이 제외되었고, 결국 전체 성인남녀의 극히 일부만이 공화국에 참여할 자격을 얻었습니다. 이는 민주주의에 반하는 것 아닌가요? 당연히 그렇습니다. 그렇지만 오늘날과 달리 당시 사람들은 민주주의를 나쁜 것으로, 공화국과 민주주의는 서로 다른 것으로 생각했습니다. 오늘날의 기준을 가지고 판단해서는 곤란합니다.

두 번째로, 그렇게 선택된 소수의 시민조차 오직 대표자들을 통해서만 간접적으로 정부의 일에 참여할 수 있도록 했습니다. 대의제가 바로 그것입니다. 뽑힌 대표들은 아무래도 보통 사람보다는 재산도 많고 교육 수준도 높고 덕망이 있겠지요. 이들이라면 좀 더 안전하게 정부 일을 맡길 수 있을 것입니다. 보통 사람들에게는 오직 대표자를 선출할 수 있는 권리만을 주는데, 사실은 이마저 매우 제한적이었습니다. 예를 들어 일반 시민이 직접 뽑을 수 있었던 것은 연방 하원의원 정도였고, 연방 상원의원이나 대통령의 경우는 이들을 선출할 또 다른 대표들을 선출할 권한밖에 없었습니다. (지금도 이 제도는 일부 남아 있습니다) 결국 공화국이지만 민주주의가 최대한 억제된 그런 공화국을 만들었던 것입니다.

알아 두기

연방주의 논설(The Federalist Papers)

미국 헌법 제정 당시 연방정부와 주 정부의 권한을 조정하는 문제를 두고 연방정부의 권한을 강화해야 한다는 의견과 이에 반대하는 견해가 맞섰는데, 전자를 '연방주의', 후자를 '반연방주의'라고 합니다. 최종 합의된 헌법 초안은 연방주의자들의 주장이 더 많이 반영되어 일부 주에서 이의 비준을 반대하는 여론이 강했습니다. 이에 알렉산더 해밀턴, 제임스 매디슨, 존 제이 등 저명한 연방주의자 3인이 뉴욕에서 발행되는 한 신문에 특별기고문 형식으로 헌법을 옹호하는 일련의 논설을 게재했는데, 이를 《연방주의 논설》이라고 합니다. 총 85편으로 되어 있으며, 단지 미국 헌법뿐 아니라 정치 권력과 정부의 본질에 관한 광범한 고찰을 담고 있어 정치사상의 필독서로 꼽힙니다.

권력은 나누고 서로 견제해야

다음으로, 국가 또는 정부의 권력을 어떻게 견제할 수 있을까 하는 문제입니다. 국가와 정부는 존재 목적상 어느 정도는 권력을 가질 수밖에 없습니다. 힘이 없으면 어떤 정부나 국가도 제대로 일을 할 수 없겠지요. 문제는 이 국가 권력이 자유에 위협이 된다는 점입니다. 독재가 바로 그런 것 아니겠습니까? 《연방주의 논설》의 유명한 말을 빌리면 정치 권력은 '인간이 천사가 아니므로' 어쩔 수 없이 필요하지만, 본질적으로는 '악'입니다. 항상 눈을 부릅뜨고 지켜보지 않으면 순식간에 자유를 짓밟는 악마로 돌변하는 것이 권력입니다. 공화국이라고 해서 문제가 다르지 않습니다. 오히려 더 위험할 수도 있지요. 그러므로 공화국에서도 국가 권력이 자유를 억압하지 못하도록 하는 안전장치가 꼭 필요합니다. 어떤 것들이 있을까요?

제헌 회의가 채택한 원칙 또는 방법은 두 가지입니다. 첫째는 처음부터 정부에 최소한도의 권력만을 쥐여주는 것입니다. 힘이 없으면 독재를 하기도 어렵고 해 봐야 별 의미도 없겠지요. 이를 '최소한의 정부' 또는 '최소한의 국가'라고 합니다. 웬만한 건 개인이나 사회가 알아서 하고 정부에는 질서 유지에 필요한 최소한의 권력만을 주는 겁니다. 심지어 처음 만들어진 미국 헌법은 연방정부가 평소 군대를 유지하지 못하도록 했습니다. 나라에 군대가 없다니, 상상하기 어렵겠지만 실제로 그랬습니다. 군대는 국가가 독재를 하는 수단이니까 아예 그 수단을 없앤 것이지요. 대신 각자 무기를 들고 있다가 유사시 민병대를 조직해 적으로부터 국가와 사회를 수호하도록 했습니다(동시에 이는 개인과 사회가 국가로부터 자신의 자유를 지키는 수단이기도 했습니다).

그러나 아무리 이렇게 해도 국가가 가진 권력은 기본적으로 막강합니다. 한두 사람이 당해 낼 수 있는 게 아니지요. 이를 어떻게 통제할 수 있을까요? 여기서 나온 유명한 원칙이 '권력의 분립, 상호견제'의 원칙입니다. 말 그대로입니다. 권력을 누구 한 사람의 손에 다 쥐여주는 것이 아니라, 여러 사람에게 나누어 주고 서로 견제하도록 하는 것입니다. 그러면 아무리 큰 권력이라도 쉽게 독재를 할 수 없겠지요.

이는 무척 기발하고 훌륭한 생각이었습니다. 문제는 권력을 어떤 식으로 나누고 서로 견제하도록 할 수 있을까 하는 것인데, 다행히 이것은 별로 어렵지 않았습니다. 이미 참조할 수 있는 모델과 이론이 있었기 때문입니다. 바로 영국의 정부 체제였습니다. 영국은 국가 권력을 입법권과 집행권으로 나누고 이를 의회와 국왕이 각각 행사하는 정부 형태를 오랫동안 유지해 왔습니다. 몇 번의 정변을 겪기는 했지만, 상대적으로 안정적이고 무엇보다 국왕의 독재를 견제하는 데 효과적이었습니다. 문제는 이것이 왕정체제이기 때문에 공화국의 원리에 맞도록 손을 좀 볼 필요가 있었습니다.

알아 두기

대통령제(The Presidential System)

대통령제 정부 형태는 의회제(The Parliamentary System)와 함께 오늘날 많은 자유민주 국가들이 채택하고 있는 정부 형태입니다. 한국에서는 흔히 '대통령 중심제'라고 번역을 하지만 이는 잘못된 번역이고 그냥 '대통령제'가 맞습니다. 대통령이 중심이 되는 것은 아니기 때문입니다. 의회제와 대통령제의 차이는,

의회제에서는 행정부 수반(수상)과 **각료**를 의회가 임명하는 데 비해, 대통령제에서는 행정부 수반 곧 대통령을 국민이 선출하고 그렇게 선출된 대통령이 각료를 임명해 정부를 운용합니다. (사실 '대통령'이라는 표현도 잘못된 번역입니다. 대통령에 해당하는 영어의 'president'라는 말은 원래 '회의의 상석에 앉은 사람'을 뜻하며 '대통령'보다 훨씬 의미가 약합니다.) 대통령제에서 정부 권한과 의회에 대한 견제력이 상대적으로 강한 것은 두말할 나위가 없습니다. 각 제도는 나름대로 장단점이 있지만, 미국 헌법에서 대통령제를 채택한 이유는 정부 권력이 지나치게 의회로 가 있어 의회의 독재를 막아 보자는 것이 기본 취지였습니다. 지금은 미국에서도 대통령의 권한이 훨씬 커졌지만, 그래도 미국 정부의 권력은 중심축이 여전히 의회에 있습니다.

▌미국 백악관

미국식 민주주의 – 대통령제

이렇게 해서 등장한 것이 오늘날 우리가 잘 알고 있는 미국식 대통령제 정부 형태(The Presidential System of Government)입니다. 영국 정부 형태와 달라진 점은 국가원수(대통령)·상원의원이 세습직에서 선출직으로 바뀌고, 의회의 권한이 상대적으로 강화되며, 사법부의 독립성이 강화된 정도입니다. 영국 정부 형태가 권력분립과 상호견제의 원칙 위에 서 있기는 했지만 아무래도 국왕의 권력이 절대적으로 우위에 있었던 데 비해, 미국의 대통령제 정부 형태는 권력의 축이 의회로 넘어가고 이를 대통령과 사법부가 견제하는 것이 기본 틀이었습니다. 공화국의 원리에는 이게 더 맞겠지요. 내용이 아닌 제도 자체는 명칭(국왕–대통령, 귀족원–상원, 평민원–하원)을 제외하면 영국과 거의 유사했습니다.

미국의 대통령제 정부 형태는 이후 시대적 상황이 변하면서 이에 맞춰 조금씩 그 내용이 바뀝니다. 가장 핵심적인 것은 선거권과 피선거권이 크게 확대되어 명실상부한 '민주공화국'이 된 것, 그리고 연방정부, 특히 대통령의 권한이 크게 강화된 것입니다. 그러나 공화적 대의제, 권력의 분립, 권력의 상호견제와 균형이라는 기본 원리는 그대로 유지되고 있습니다.

역사적으로 볼 때 미국 정치는 상대적으로 매우 안정적이라고 말할 수 있습니다. **남북전쟁** 말고는 특별한 내분도 없었고 정변 사태도 없었습니다. 헌법과 정부 조직, 제도 역시 건국 당시의 근간을 유지하고 있지요. 이는 무엇보다 대통령제라는 안정적 공화정부 형태를 고안한 **'건국의 아버지들'**의 공헌이 절대적입니다. 다만 20세기 이후 대중민주주의의 거대한 물결과 함께 이들이 우려했던 '위험한 민주주의', 특히 대중을 등에 업은 대통령의 독재 위험성이 커지고 있는데, 이를 극복할 수 있는 제도적 장치를 마련하는 것이 오늘날 미국 정치가 직면한 가장 중대한 과제입니다.

간추려 보기

- 북아메리카 식민지들이 1776년 7월 4일에 영국으로부터의 독립을 선언하였고, 독립전쟁과 필라델피아 제헌 회의를 거쳐 1789년에 조지 워싱턴을 초대 대통령으로 하는 미국 정부가 공식 출범했다.
- 미국은 근대 역사에 처음 등장한 자유 민주공화국이다.
- 권력분립, 상호견제라는 원칙에 따라 미국식 민주주의는 연방정부와 의회, 사법부를 축으로 하는 대통령제를 이어왔다.

미국을 '제국(an empire)'이라 부를 수 있을까요? 그렇다는 사람도, 아니라는 사람도 있습니다. 전통적으로 제국이라고 하면 광대한 영토, 막강한 군대, 황제의 위엄, 상대방을 힘으로 찍어 누르는 무자비함 같은 것이 생각납니다. 로마 제국, 칭기즈칸 제국, 나폴레옹 제국 같은 것이지요. 여기에 근대 들어 제국에 대한 또 하나의 이미지가 생겨났습니다. 소위 '제국주의'라고 하는 것입니다. 소련 공산주의 혁명을 일으킨 레닌(Vladimir Lenin)이 유행시킨 개념으로, 19~20세기 유럽 자본주의 국가들이 과잉 생산된 물건을 팔아먹고 값싼 원료와 노동력을 구하기 위해 다른 나라들을 침략해 식민지로 만든 것을 말합니다.

제국, 제국주의

이 가운데 어떤 의미에서도 미국은 제국이라고도, 제국이 아니라고도 말할 수 있습니다. 다만 미국 스스로는 자신이 제국으로 불리는 것을 그리 달가워하지 않습니다. 아무래도 독재, 제국주의 같은 부정적 단어들이 떠오르기 때문이겠지요. 그러나 토머스 제퍼슨이 미국을 '자유의 제국(Empire of Liberty)'이라고 불렀던 사실을 떠올린다면 제국이 반드시 부정적인 의미로만 쓰이는 단어도 아니고, 제국이면서 제국임을 부인하려는 것이 지금 미국의 문제라고 하는 사람도 있으니까 – 니얼 퍼거슨이 《콜로서스》라는 책에서 그렇게 주장했습니다 – 미국이 이 용어에 그렇게 민감할 필요는 없다고 생각합니다. 미국이 어느 정도 제국의 요소를 가진 것은 확실합니다. 중요한 것은 제국인가 아닌가 하는 것이 아니라, 제국이되 어떤 제국인가 하는 것입니다. 이 질문에 답하기 위해서는 먼저 미국이 오늘날 제국이 된 역사를 살펴볼 필요가 있습니다.

대서양에서 태평양까지

지금 미국은 50개 주, 1개 특별자치구, 그 외 다수의 부속 영토(territories)로 구성되어 있습니다. 마지막 부속 영토의 개념이 생소할 수 있는데, 실질적으로 미국의 소유지만 아직 연방에 편입되지 않은 영토를 뜻하는 법적 개념입니다. 푸에르토리코, 버진아일랜드, 괌 등이 여기 속합니다. 원래 13개 주를 제외하고 현재 미국을 구성하는 각 주도 연방에 편입되기 전에는 다 부속 영토였습니다.

공식적으로 미국의 전체 면적은 1천만 제곱킬로미터 정도입니다(위 부속 영토 그리고 영해 포함 여부에 따라 달라집니다). 한반도 면적의 약 45배, 남한의 100배 크기이고, 세계에서 러시아, 캐나다 다음으로 큰 나라입니다. 그렇지만 러시아, 캐나다는 사람이 살기 힘든 황무지가 국토의 대부분입니다. 미국은 그렇지 않지요. 사람 사는 땅으로만 따지면 미국이 실질적으로 가장 큰 나라입니다.

어떻게 미국은 이 넓은 땅을 가지게 되었을까요? 오늘날 미국 지도만 놓고 보면 '그거 당연한 거 아니야?'라고 물을 수도 있겠지만, 반드시 그런 건 아닙니다. 지금보다 작은 나라도, 반대로 더 큰 나라도 될 수 있었습니다. 더 중요한 건 미국이 이 대제국을 이룬 과정입니다. 대서양 연안 13개 주로 시작한 '조그만' 나라가 불과 50년 만에 처음의 열 배가 넘는 대제국으로 폭풍 성장했습니다.

그 과정을 간단히 설명하면 다음과 같습니다. 미국 지도를 보면 오대호 부근에서 남쪽으로 길게 큰 강이 흐르는데, 바로 미시시피강입니다. 대략 미시시피강 동쪽이 독립 당시 미국의 영토였습니다. 이곳은 그냥 진출해서 점령하면 되는 땅이었지요. 미시시피강 서쪽으로는 로키산맥에 이르기까지 대평원이 펼쳐지는데, 이 넓은 땅의 이름은 루이지애나. 당시 프랑스 소유였습니다. 1803년 프랑스가 혁명과 나폴레옹 전쟁으로 어수선한 틈을 타서 미국이 이를 헐값에 사들였습니다. 하루아침에 영토가 두 배로 늘어났지요. 역사의 우연이지만 미국에는 엄청난 행운이었습니다. 유럽에서 건너온 수많은 이민자가 순식간에 몰려가 이 땅을 점령했습니다.

플로리다 역시 1819년 소유주였던 스페인을 협박해 거의 공짜로 넘겨받았습니다. 텍사스, 캘리포니아 등 서남부 지역은 원래 멕시코 땅이었지만 그냥 미국 사람들이 막무가내로 몰려가 점령하고 독립을 선언했습니다. 멕시코는 당연히 이를 무력으로 진압하려 했고, 필연적으로 미국과 멕시코 사이에 전쟁이 벌어졌습니다. 결과는? 미국의 일방적 승리, 해당 영토의 미국 편입이었습니다.

마지막으로 본토의 북서부 지역, 곧 지금의 미국 워싱턴, 오리건주, 캐나다 브리티시컬럼비아주는 원래 이름이 오리건 카운티였는데, 영국과 미국이 모두 소유권을 주장했습니다. 1846년 두 나라가 협정을 맺어 북위 49도선을 기준으로 영토를 나누기로 했습니다. 동시에 북쪽 경계가 불분명했던 루이지애나도 같이 북위 49도선을 적용하기로 해, 오늘날 지도에서 보는 것처럼 미국과 캐나다 사이에 자로 잰 듯한 국경선이 그려졌습니다.

　이후에도 약간의 영토 변경이 있었습니다. 알래스카는 1863년 러시아로부터 공짜나 다름없는 헐값에 사들였고, 하와이는 반란으로 정권을 잡은 세력이 나라를 '갖다 바치는' 뜻밖의 행운으로 미국 영토가 되었습니다. 이 두 지역은 1959년 정식 주로 승인을 받아 미국 연방에 편입되었습니다.

▌ '명백한 천명'을 단적으로 나타내는 그림인 〈미국의 전진(American Progress, 존 가스트 그림, 1872년)〉. 미국의 의인화인 미스 컬럼비아가 여신과 같은 모습으로 공중에 떠 있고, 오른쪽(동쪽)에서부터 역마차와 기차가 들어온다. 왼쪽(서쪽)에서는 인디언들이 쫓겨나고 있다. 그림의 오른쪽 끝과 왼쪽 끝에 각각 대서양과 태평양 및 로키산맥이 보인다.

명백한 천명

이렇게 미국은 지금의 광대한 영토를 차지하였습니다. 그 과정을 보면 모든 일이 순식간에 벌어진 데다가, 마치 운명인 것처럼 땅이 공짜로 굴러오기도 하고, 싸움마다 손쉽게 승리하기도 했습니다. 사실 미국 사람들 스스로 이를 신이 미국에 정해준 운명, '명백한 천명(Manifest Destiny)'으로 확신했습니다.

확신을 토대로 미국은 거침없이 서부 정복에 나섰고, 싸움마다 승리하면서 이 확신이 더욱 굳어졌습니다. 남북전쟁으로 잠시 속도가 늦춰지는 듯했지만, 전쟁 직후 대륙횡단철도 건설과 더불어 위세가 더욱 강해졌습니다. 순식간에 서부 태평양 연안에 도달한 '명백한 천명'은 이제는 바다 너머로 그 힘을 뻗쳐 나가기 시작했습니다. 1898년 스페인과 마치 '소풍 같은' 전쟁을 벌여 스페인의 식민지였던 쿠바, 푸에르토리코, 괌, 그리고 필리핀을 빼앗았습니다. 파나마 운하를 건설하면서 파나마를 거의 식민지로 만들었고, 멕시

집중탐구 명백한 천명

이 말은 1845년 언론인 존 오설리번(John O'Sullivan)이라는 사람이 처음 사용한 것으로 알려졌는데, 미국사에서 19세기 미국 서부 진출의 역사적 성격을 규정하는 보편적 용어입니다. 미국의 서부 진출과 정복을 정당화하는 일종의 종교적 확신이지요. 서부에 기독교와 문명을 전파하라는 사명을 신이 미국에 부여했다, 미국과 미국인들은 이 사명을 수행할 자격을 갖춰 선택된 나라이자 선택된 민족이다, 신이 사명의 완성을 예정해 놓았다고 하는 기독교적 신념으로 구성되어 있습니다.

코 내전에 군대를 보내 개입했습니다. 미국의 제국적 팽창이 어디까지 계속될지 모두가 숨죽이며 지켜보는 상황이 되었죠.

전쟁, 제국의 탄생

흥미로운 사실은 태평양 너머 미국의 제국적 팽창이 본격화되는 것처럼 보였던 바로 그때, 역설적으로 팽창의 열기가 급속히 사그라들기 시작했다는 것입니다. 필리핀 이후 미국은 더는 적극적 해외 진출에 나서지 않습니다. 유럽 열강이 모두 중국 진출에 혈안이 되어 있을 때 미국은 '**문호 개방**'을 요구하며 이들의 제국주의 침략에 은근히 제동을 걸기도 했습니다. 1914년 유럽에서 제1차 세계대전이 벌어졌지만, 미국은 전쟁에 끼어들기를 주저했습니다. 마지막에 어쩔 수 없이 참전해 전쟁을 승리로 이끌기는 했는데, 전쟁이 끝나자 신속히 **고립주의**로 돌아섰습니다. 제2차 세계대전도 마찬가지입니다. 유럽과 아시아에서 모든 나라가 필사의 전쟁을 벌이는 와중에도 미국은 마지막까지 중립을 고수했습니다. 일본이 먼저 공격을 하자 결국 어쩔 수 없이 전쟁에 끌려 나왔지요.

알다시피 2차대전은 미국이 이끄는 연합국 측의 승리로 끝났습니다. 문제는 전쟁이 끝나도 미국이 1차대전 때와 달리 더는 고립주의로 돌아갈 수 없었다고 하는 겁니다. 두 번의 경험을 통해 미국은 원하지 않아도 결국 끌려 나올 수밖에 없음을 깨달았습니다. 여기에 세계가 공산주의와 자유주의의 양 진영으로 갈라져 대결하는, 소위 **냉전**(The Cold War)이 시작되면서 공산주의의 팽창을 막는 것이 미국 국가안보의 사활적 과제가 되었습니다. 이를 위해서는 소극적 방어보다 차라리 적극적으로 앞에 나가 싸우는 것이 유리하

▌냉전 시대에 미국은 소련에 맞서 세계질서를 주도하는 초강대국이었다.

다고 판단했습니다. 마지막으로 이전과 달리 이제 세계를 지배할 힘이 미국에 있었습니다. 전쟁 직후 미국의 경제력(**국민 총생산**, GNP)은 세계의 50%에 육박했습니다. 미국의 군사력은 세계 모든 나라가 함께 덤벼도 이겨낼 수 있을 정도였습니다. 한때 유일하게 핵무기를 가진 나라였으니까요.

　이 막강한 경제력과 군사력을 앞세워 미국은 세계 지배에 나섭니다. 공산주의로부터 자유와 민주주의를 수호한다는 명분을 내세웠지요. 제국으로서의 미국이 드디어 역사의 무대에 등장했습니다. 자신이 주도하는 군사동맹·**집단안보체제**로 우방들을 묶고, 미·소 대결의 최전선에 친미 정권을 세우고, 막강한 군사력을 곳곳에 전진 배치하고, 필요하다면 전쟁도 서슴지 않았습니다. 한국전쟁과 베트남전쟁이 대표적입니다. 한때 미국의 위세는 정말 대단했습니다. 마음만 먹으면 한두 나라쯤은 멸할 수도, 살릴 수도 있는 힘과 영향력이 있었습니다. 누구도 감히 미국에 맞설 엄두를 내지 못했습니다.

국력이 최절정에 달했던 1950년대 미국은 과거 로마 못지않은 강대한 제국이 었습니다.

제국은 쇠퇴하는가?

불행하게도, 미국의 제국으로서의 위상은 1970년대 이후 급속히 약해지는 추세에 있습니다. 베트남전쟁에서 실패한 것이 결정적이지만, 미국의 상대적 국력은 이미 1960년대부터 내리막을 걸었습니다. 1990년 전후 소련과 공산 진영이 갑자기 무너져 내리는 바람에 잠깐 혼란이 있었습니다. 유일한 초강 대국으로 남은 미국이 드디어 세계를 마음대로 지배할 것처럼 보였지요. 결 국은 그렇지 않다는 것이 드러났습니다. 오히려 **알카에다** 같은 테러조직과 이들을 후원하는 테러국가들, 핵무기를 들고 덤비는 북한에도 휘둘리는 상 황이 되고 말았습니다.

확실히 미국의 지배력이 예전 같지 않습니다. 미국 스스로도 힘들어하는 기색이 역력합니다. 아직은 필요한 곳에서 발을 빼거나 군사력을 철수할 조 짐은 보이지 않습니다. 그렇지만 앞으로 미국이 어떻게 할지는 누구도 장담 할 수 없습니다. 어떻게 될까요?

자유주의적 제국 – 고립주의

이 질문에 답하려면 처음의 질문으로 되돌아갈 필요가 있습니다. 미국은 제국인가, 제국이라면 어떤 제국인가 하는 질문입니다. 먼저 '미국이 제국인 가?'라는 질문에는 확실히 '그렇다'라고 답할 수 있습니다. 적어도 처음에 말 한 첫 번째 의미에서는 말이지요. 어떤 제국인가라는 질문에는, 과거 역사에 등장했던 제국들과 여러 면에서 다르다고 답해야 할 것 같습니다. 가장 큰 차이점은 지배하기 위해 군사적으로 정복하거나 식민지로 만들려고 하지 않는다는 사실입니다. 혹자는 이런 미국을 '자유주의적 제국'이라 부르기도 합니다. 일리가 있는 말입니다. 과거 로마 제국이나 19세기 대영제국과 비교하면 그 차이를 알 수 있을 것입니다. 미국이 제국으로서 세계를 지배하는 방식은 이들과 확실히 다릅니다. 일종의 '간접적' 지배방식이라고 할 수 있습니다. 점령하거나 속국으로 만들지 않고 어떤 영향력 같은 걸 이용하는 것이지요. 한국에 대해서도 직접 내정에 간섭한다거나 하는 것은 아니지만, 한국에 대한 미국의 영향력은 어떤 정권, 어떤 정부가 들어선다 해도 절대적입니다.

물론 그렇다고 이런 간접적 지배방식이 반드시 덜 효과적이지는 않습니다. 오히려 그 반대일 수도 있지요. 그러나 미국이 꼭 효율성만을 따져 이런 간접적 지배방식을 취하고 있는 것은 아닌 듯합니다. 그것보다는 언제든 세계에서 발을 빼고 철수할 태세를 갖춘 것처럼 보입니다. 미국이 두 번의 세계대전에서 고립주의를 추구했다가 결국 실패한 이야기를 했습니다만, 미국은 태생적으로 고립주의의 본성을 가지고 있습니다. 우리가 밖에 나가 돌아다니면서도 항상 집에 돌아가려는 마음이 있는 것처럼 말입니다.

이는 미국이 가진 정체성의 매우 특별한 부분입니다. 미국의 제국적 팽창은 '언덕 위의 도시'를 세계로 확대하라는 '명백한 천명'에 따른 것입니다. '언덕 위의 도시'는 기독교, 자유, 인권, 민주주의 같은 미국적 가치들을 상징합니다. 문제는 이 과정에 언제나 미국이 타락할 위험이 있다는 점입니다. 미국 스스로 그렇게 생각하는 것이지요. 왜냐하면, 기독교와 자유를 전파하는 과정에서 비기독교, 독재의 상황과 항상 맞닥뜨리고 싸워야 하는데, 자칫 자기가 싸워 이기려고 하는 상대의 나쁜 습성에 자신도 모르게 물들 수 있기 때문입니다. 물론 그렇게 되면 '언덕 위의 도시'나 '명백한 천명' 같은 고상한 이념은 의미가 없어집니다. 이때는 언제나 자신에게 돌아와 자신의 본 모습과 사명을 회복해야 합니다. 이것이 미국 외교의 내재적 속성 가운데 하나로 지적되는 '고립주의'의 본질입니다. 만약 여러분이 타락, 징벌, 구원의 기독교적 교리에 익숙하다면 이를 이해하는 것이 그렇게 어렵지 않을 것입니다.

인물탐구 **폴 케네디**

영국 출신 역사학자. 런던경제대학, 예일대학 교수. 《강대국 흥망성쇠론(The Rise and Fall of the Great Powers)》의 저자. 강대국은 압도적 경제력과 군사력으로 해외 팽창을 통해 성장하지만, 경제력이 후퇴하는 시기에 군사력을 그에 맞춰 축소하지 못해 쇠퇴한다고 주장했습니다. 강대국 미국의 지위를 전망할 때 자주 인용되는 학자입니다.

"국가의 생산력이 많이 늘어나면 평상시 대규모의 군비증강 그리고 전시 대규모 군사력의 유지 지원이 보통은 그리 어렵지 않다. 그러나 국가 자산이 부의 창출로부터 군사적 목적으로 과도하게 전용되면 그 나라의 국력은 결국 약화의 길을 걷는다. 마찬가지로 만약 국가가 전략적으로 지나치게 멀리 손을 뻗치면, 예를 들어 광대한 해외 영토 정복이나 비싼 전쟁을 치르는 경우, 외부적 팽창에서 오는 잠재적 이득보다 이를 위해 지출하는 비용이 훨씬 더 많을 수 있다. 이러한 딜레마는 국가가 상대적인 경제적 침체국면에 접어들면 더욱 심각한 문제가 된다."
　　　　　　　　 - 폴 케네디(Paul Kennedy, 1945~), 《강대국 흥망성쇠론》 중에서

지금처럼 국력이 계속 쇠퇴한다면 미국은 언젠가는 제국의 지위를 포기하고 자신의 영역으로 돌아갈 수밖에 없을 것입니다. 다만 과거의 로마 제국과 달리 미국은 제국을 기꺼이 포기할 명분을 가지고 있습니다. 폴 케네디라는 유명한 역사학자는 역사상 많은 제국이 더는 능력이 없는데도 제국의 지위와 특권을 포기하지 못해 결국 망했다고 주장했습니다. 아마도 미국은 이들과 다를지 모릅니다. 미국은 사람들의 예상보다 훨씬 빨리, 그리고 갑자기 세계 무대에서 철수할 수 있습니다. 그 결과 미국은 제국의 지위는 잃겠지만 과거 순식간에 멸망했던 제국들과 달리 강대국으로 좀 더 오래 살아남을 것입니다. 반대로 이는 미국을 제외한 세계에 좀 더 나쁜 소식이 될지도 모릅니다. 왜냐하면, 이 '자유주의적 제국'이 사라지면 그 자리를 불확실성과 혼돈, 아니면 다른 강압적 제국이 메울 것이기 때문입니다.

간추려 보기

- 대서양에서 태평양에 이르기까지 19세기 미국의 제국적 팽창은 순조로워서 '명백한 천명'으로 불렸다.
- 20세기 미국은 두 차례의 세계대전과 한국전쟁, 베트남전쟁 등에 연거푸 참전하면서 세계 제일의 초강대국으로 군림했다.
- 미국의 국세가 예전 같지 않은 지금, 미국은 제국의 지위를 포기하고 고립주의로 회귀할 가능성을 숨기지 않는다.

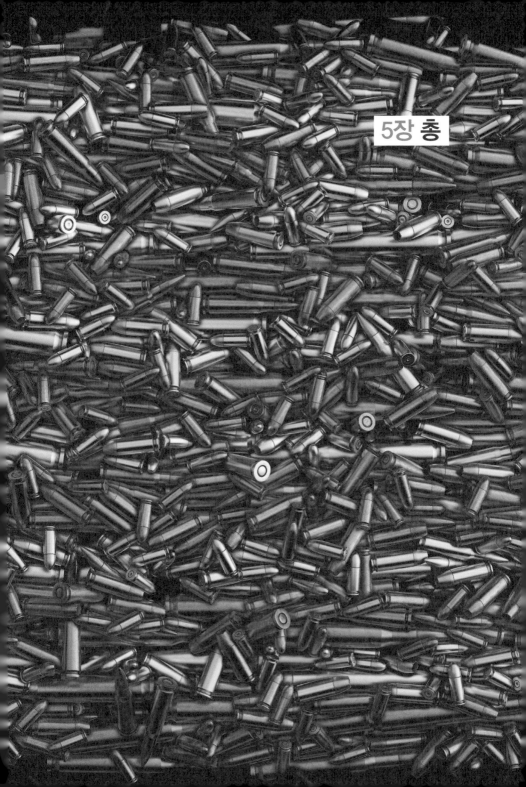

5장 총

미국은 주요국 가운데 사람들이 합법적으로 총을 소유하고 휴대할 수 있는 유일한 나라입니다. 사실 주요국이 아니어도 이런 나라는 거의 없지요. 이유는 쉽게 짐작할 수 있습니다. 사람들이 총을 들고 돌아다니는데 치안이 제대로 유지될 수 있겠습니까? 미국이라고 해서 다르지 않습니다. 총이 너무 많다 보니 매일 수도 없이 사고가 나고 매년 수만 명이 총에 맞아 목숨을 잃습니다.

더 이상한 건, 그런데도 미국 사회가 총기를 규제하는 데 별 관심이 없는 듯이 보인다는 것입니다. 사고가 나면 며칠 요란하게 떠들다가 조금 지나면 언제 그랬냐는 듯 평온하지요. 하도 이런 일이 반복되다 보니 총기 규제를 외치는 사람들도 이제 지쳐 가는 것 같습니다. 밖에서 볼 때도 어처구니가 없습니다. 미국은 총 때문에 망할 거라고 많은 사람이 생각하는 것도 무리가 아닙니다.

그렇지만 미국에서 총기 문제는 그리 간단하지 않습니다. 그냥 법으로 금지해서 해결될 수 있는 문제가 아닙니다. 워낙 오랫동안 관습으로 굳어진 데다, 역사적으로나 사상적으로 미국 사회에서 총이 가지는 특별한 의미 같은 것이 있습니다. 오늘날 우리가 미국을 이해하는 데 상당히 중요한 부분입니다.

총기 소지가 헌법에 보장된 기본권?

먼저, 미국에서 개인의 총기 소유가 허용되는 법적 근거는 헌법 수정 2조입니다.

잘 규율된 민병대는 자유주의 안보에 필수적이므로 무기를 소지하고 휴대할 수 있는 사람들의 권리는 침해될 수 없다.

언뜻 보기에도 헌법의 이 조항은 내용이 상당히 모호합니다. 헌법 제정 당시 의미로 보면 이는 연방정부로부터 주 정부가 독립과 안전을 지킬 수단을 보장한 것입니다. 그때는 주가 거의 주권 독립 국가나 마찬가지였고 연방정부의 권한은 극히 미미했지요. 혹시 연방정부가 무슨 일로 주 정부에 무력으로 간섭하려 들면, 주 정부가 무장한 주민들을 민병대로 조직하여 저항할수 있도록 한 것입니다. 주민들은 무장하고 있다가 자기가 속한 주 정부의 명령이 있으면 언제든지 나가 싸울 준비가 되어 있어야 했습니다. 이 권리를 연방정부가 입법으로 제한하지 못하도록 한 것이 헌법 수정 2조입니다.

지금은 상황이 그때와 전혀 다릅니다. 주가 민병대를 동원하여 연방정부에 맞서 싸운다는 것 자체를 상상할 수 없지요. 당연히 주민들이 항상 무장하고 있을 필요도 없고, 헌법의 이 조항도 더는 의미가 없어졌습니다. 그런데도 이 조항은 폐기되는 대신 대법원의 판결에 따라 사람들의 무기 소유와 휴대권을 규정하는 의미로 해석되고 있습니다. 말하자면 이 조항에 따라 무기 소지권이 헌법상 기본권이 된 것입니다. 이 조항이 존속하는 한 미국에서는 총기 소유를 금지하는 어떤 법도 만들 수 없습니다. 헌법을 넘어서는 법이 있을 수 없기 때문입니다.

총의 천국, 미국

약 3억 정의 총기가 민간에 퍼져 있고, 전체 가구의 50%가 총기를 소유하고 있습니다. 전 세계 민간인들이 보유한 총기의 50%가 미국에 있습니다. 매년 총기로 4만 명 가까이 목숨을 잃고, 그 숫자가 매년 증가하는 추세입니다.

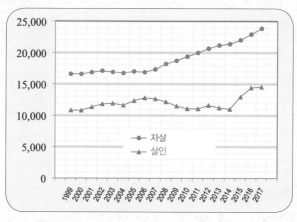

▌ 총과 관련된 미국의 사망 통계

왜 미국은 총을 규제하지 못하나? – 역사적 배경

그런데 언뜻 보기에도 법원이 헌법의 이 조항을 그런 의미로 해석한 것은 대단한 억지처럼 보입니다. 시대에 맞지 않는 이 조항은 당연히 폐기되거나 수정되어야 하지요. 그렇게 하지 못한다는, 아니 하지 않는다는 것은 이것이 단순히 법의 문제가 아니라는 것을 암시합니다. 다시 말해 현실적으로 총기 소유를 금지할 방법이 없다는 것입니다. 만약 헌법의 이 조항을 폐기하거나 법원이 판례를 뒤집고자 하면 대규모 무장 반란 사태가 벌어질지도 모릅니다.

왜 미국에서는 이처럼 사람들이 총에 목숨을 걸까요? 왜 상황이 이렇게 될 때까지 손을 놓고 있었을까요?

무엇보다 역사적 이유가 큽니다. 유럽인들이 신대륙에 첫발을 내디딘 순간부터 총과 사람은 불가분의 관계일 수밖에 없었습니다. 원주민과의 싸움에서 목숨과 재산을 지킬 수 있는 유일한 수단이 자신이 가진 총이었기 때문입니다. 식민지 정부나 본국인 영국 정부가 군대 같은 걸 보내 자신들을 보호해 줄 것으로 기대할 수는 없었습니다. 현실적으로 불가능했지요. 비단 원주민만이 아닙니다. 초기 식민지는 사실상 공권력이 부재한 무정부 상태, **토머스 홉스**가 말한 '자연상태'나 다름없었습니다. 여기에서는 각자의 생명과 재산은 각자 지킬 수밖에 없고, 총은 이를 위한 거의 유일한 수단이었지요. 자연스럽게 식민지는 각자 총을 들고 '공포의 균형'으로 질서가 유지되는 그런 상황이 되었습니다.

독립전쟁을 통해 총은 미국인들에게 더욱 중요한 의미를 가집니다. 정식 군대가 없는 상황에서 사람들은 각자 집에 있는 총을 들고나와 독립전쟁에 참여했습니다. 전쟁이 끝나고 사람들은 가지고 왔던 총을 들고 다시 집으로 돌아갔습니다. 아무도 그들에게서 총을 빼앗을 수 없었고, 이제는 사람들도 이를 놓으려 하지 않았습니다. 사람들에게 이제 총은 더욱 자랑스럽고 소중한 존재가 되었습니다. 이걸 들고 압제에 맞서 자유를 지켜 냈기 때문입니다. 총은 이제 단순히 자위의 수단을 넘어 사람들에게 자유의 소중한 상징이 되었습니다. 총은 곧 자유이고 총 없이 자유는 있을 수 없다는 강력한 신념이 사람들의 마음속에 자리 잡았습니다. 이런 상황에서 만들어진 헌법이 사람들에게 무기를 소지할 권리를 부여한 것은 어떻게 보면 당연한 귀결이었습니다.

미국이 정식 독립 국가가 되고 서부로 팽창하는 과정에서도 상황은 비슷했습니다. 정부가 군대를 보낸 것이 아니고 사람들이 총을 들고 우르르 서쪽으로 몰려가 그곳을 차지했습니다. 더는 구구한 설명이 필요하지 않을 것입니다. 역마차, 황야의 무법자, OK 목장의 결투 같은 유명한 서부영화 장면들을 떠올리는 것으로 서부 개척에서 총이 지닌 의미를 이해하기에 충분합니다.

이런 역사적 과정을 거쳐 미국만의 독특한 총의 문화가 만들어졌습니다. 미국인들에게 총은 위험한 무기가 아닙니다. 오히려 자유의 상징이고 이를 지키는 소중한 수단이고 자유인의 자부심입니다. 정부로서도 굳이 사람들로부터 총을 빼앗을 이유가 없었습니다. 우선 총이 사회 질서를 위협할 정도로 함부로 사용되지 않았습니다. 오랜 경험을 통해 일종의 사회적 자제력, 규칙 같은 것이 생긴 것입니다. 오히려 정부의 공권력이 미치지 못하는 곳에서 총이 그 역할을 대신 수행하기도 했습니다. 일종의 준 공권력이 된 셈이죠. 예를 들어 주민 자치 자경단 같은 것입니다. 마지막으로 총이 일정한 범위에서 국가 권력을 견제하고 이의 독재화를 막는 자유의 수호자 역할을 했다는 점도 부인할 수 없습니다. 요약하면 미국에서 총은 부정적인 면보다는 사회 질서 유지와 자유의 수호에 긍정적인 역할을 한 측면이 더 많았다고 할 수도 있습니다.

▎ 독립전쟁과 서부 팽창 과정에서 총은 자유를 수호하는 상징으로 미국인들에게 각인되었다.

총기 문제의 현실

문제는 이 모든 상황이 지금 완전히 바뀌었다는 것입니다. 우선 이제 총은 자유 시민의 전유물이 아닙니다. 남녀노소, 범법자, 갱단을 가리지 않고 누구나 손쉽게 총을 구할 수 있습니다. 얼마나 많은 총이 민간에 퍼져 있는지 아무도 모릅니다. 대략 3억 정 정도로 추산되는데, 미국 인구가 3억 정도니까 모든 사람이 각자 총을 한 자루씩 들고 있는 셈입니다. 상상하기 힘든 이야기지요. 이 가운데 엄청난 숫자가 범죄자나 잠재적 범죄자의 수중에 들어가 있습니다. 심지어 어린이들도 총기에 노출되어 있습니다. 그로 인해 매년 수만 건의 총기 사고가 발생하고 수만 명이 총에 맞아 목숨을 잃습니다. 총이 자유의 상징이었던 시대는 아주 먼 옛날이야기가 되고 말았습니다. 지금 미국에서 총은 그냥 범죄와 대량 살상을 의미할 뿐입니다.

그런데도 지금 미국은 이 문제를 어찌하지 못하고 있습니다. 우선 현실적으로 방법이 없습니다. 총기 문제를 근본적으로 해결하려면 우선 헌법을 개정해서 수정 2조를 폐기하든지, 아니면 법원이 이를 달리 해석해 총기 소유의 법적 근거를 없애야 합니다. 그다음 개인들이 가진 총들을 회수하든지 소유를 크게 제한하든지 하는 등의 조치가 뒤따라야 하겠지요. 현실적으로 이는 혁명이 아니고는 불가능합니다. 대규모 반란 사태가 야기될 수도 있습니다.

사례탐구 **버지니아공대 총기 난사 사건**

▌ 버지니아공대 희생자 추모식

학교 안에서 벌어진 사상 최악의 총기 사건입니다. 범인은 두 자루의 고성능 총을 들고 강의실에 들어가 수업 준비 중이던 학생들에게 무차별 난사, 33명이 사망하고 29명이 부상을 당했습니다. 범인이 한국계 이민 2세로 밝혀져 우리에게도 큰 충격을 주었지요. 위 사진은 희생자를 추모하는 촛불집회 장면입니다.

사건 발생 날짜: 2007년 4월 16일 오전 7~10시
장소: 버지니아주 블랙스버그에 있는 Virginia Tech 대학교
사건 내용: 강의실 학생들에게 총을 난사하여 사망자 33명(범인 포함),
부상자 29명 발생
사용 무기: Glock 19 9mm 자동권총, Walther 22 피스톨 권총
범인: 조승희(한국계 이민 2세)

▌ Glock 19 9mm 자동권총

총기 소유 자체를 금지하는 것은 불가능하고, 현실적으로 가능한 방법은
총기의 소유와 사용에 대한 규제를 강화하는 것입니다. 이는 연방이나 주 정
부 입법으로 얼마든지 가능합니다. 신원조회를 강화하여 아무나 총을 사지
못하도록 한다든지, 소유할 수 있는 총의 종류와 수량을 제한한다든지, 총
을 집안에만 보관하고 밖에 들고나오지 못하게 한다든지, 방법은 얼마든지

있습니다. 잘만 하면 실질적으로 총기 소유를 금지하는 효과를 기대할 수도 있습니다.

총이 아니고, 사람이 나쁘다고?

불행히도, 총기 소유 옹호론자들은 이마저도 결단코 반대합니다. 이들은 공개적으로 시위를 벌이고 언론에 험한 말을 쏟아 내고 로비스트를 동원해 정치인들을 압박합니다. 특히 **전국총기협회**(NRA, National Rifle Association)라는 강력한 이익단체가 그 중심에 있습니다. 전국총기협회는 총기 사건이 벌어질 때마다 앞장서서 총을 가진 사람들을 변호합니다. 그것도 말이 안 되는 억지 주장을 가지고 말입니다.

이들의 주장은 '총은 악이 아니다(The gun is not an evil)'라는 것입니다. 악한 것은 총이 아니라 그 총으로 나쁜 짓을 하는 사람들이라는 뜻이지요. 총은 그저 수단에 불과할 뿐인데 이를 규제한다고 문제가 해결되지 않는다고 이들은 주장합니다. 총기 규제론자들의 논리대로라면 칼이나 망치나 사람을 해칠 수 있는 어떤 도구도 금지해야 하는 것 아니냐고 이들은 주장합니다. 총기 소유를 금지할 것이 아니라 오히려 착한 사람들이 총을 가지고 나쁜 사람들의 총으로부터 자신과 사회를 지키도록 해야 한다고 이들은 주장합니다. 몇 년 전 코네티컷주 뉴헤이븐시 한 초등학교에 총을 든 정신 이상자가 난입해 어린 학생들과 교사 수십 명이 희생된 엄청난 비극이 벌어졌는데, 전국총기협회 사람들은 기자회견을 열고 교사들이 총을 가지고 이런 사람들로부터 학생들을 지켜야 한다는 황당한 주장을 펼치기도 했습니다. 언뜻 들기에는 그럴듯해 보여도 얼마나 말이 안 되는 주장인지는 누구나 조금만 생각해 보면 알 수 있을 것입니다.

이들의 주장은 결국 어떤 일이 있어도 총을 절대 포기할 수 없다고 하는 것입니다. 무슨 자유 어쩌고 하는 거창한 구호도 없습니다. 무조건 안 된다는 것이지요. 사실 전국총기협회 가입자 수는 그들 자체 주장으로 5백만 명 정도입니다. 미국 전체 인구에 비하면 극소수라고 할 수 있습니다. 그런데도 이들이 이처럼 큰소리를 치고 사람들을 협박할 수 있는 이유는 이들에게 엄청난 돈, 정치적 영향력 그리고 무장하고 단결된 회원들이 있기 때문입니다. 5백만 명의 잘 훈련된 민병대가 뒤에 있다고 보면 될 것 같습니다. 더구나 이들의 뒤에는 다시 수천만 명의 총기 소유 옹호론자들이 있습니다. 주장이 아무리 억지라고 해도 이들이 태도를 바꾸지 않으면 현실적으로 어떻게 할 방법이 없습니다.

▌ 유세 현장에 총을 들고
나타난 도널드 트럼프

최근 들어 미국에서 총기 문제는 해결되거나 개선되기는커녕 오히려 더 복잡하고 풀기 어려운 정치 문제로 비화하고 있습니다. 바로 보수 백인들이 총을 들고 결집하고 있다는 것입니다. 지난 대통령 선거에서 도널드 트럼프 후보는 공공연히 전국총기협회를 지지하고 심지어 유세장에 총을 들고 나타나기까지 했습니다. 굉장히 상징적인 장면이었지요. 총이 이렇게 정치와 연결되고 인종대결, 이념대결의 상징이 되어 버리면 그렇지 않아도 어려운 문제가 더욱 꼬일 것은 불을 보듯 뻔합니다.

미국은 과연 총의 문제를 해결할 수 있을까요? 혹시 이러다 미국이 총 때문에 망하는 일이 벌어지지 않을까요? 총기 문제가 심각하기는 하지만 그래도 이것 때문에 미국이 망하지는 않을 것입니다. 언젠가는 해결책이 나오겠지요. 다만 그러기까지 얼마나 많은 무고한 사람들이 더 희생되어야 하고 미국 사회가 얼마나 큰 대가를 치러야 할지는 아무도 모릅니다.

간추려 보기

- 미국에서 개인의 총기 소유는 헌법 수정 2조에 의해 보장되는 기본권이다.
- 독립전쟁과 서부 진출 과정에서 총은 자유를 수호하는 상징으로 미국인들에게 각인되었다.
- 오늘날 미국에서는 총기 난사로 인한 피해가 두드러지고 있지만, 현실적으로 총기 소유와 사용에 대한 규제가 어렵다.

6장 이민과 인종

미국은 '이민자의 나라'입니다. 당연한 이야기지요. 현재 미국인 가운데 조상이 처음부터 미국에 살았던 사람은 극소수 원주민을 제외하고는 아무도 없습니다. 2~3세대만 올라가면 대부분의 선조가 이민자입니다. 지금도 전 세계의 수많은 사람이 미국에 이민하거나, 하고 싶어 합니다. 실제 미국은 이민자들의 절대 수와 인구 대비 비율이 세계에서 가장 높은 나라입니다. 그리고 이는 미국이 다른 나라와 구별되는 특징이자 미국만의 장점으로 인식되었습니다.

이민, 미국의 분열

그런데 지금 미국에서 이민이 심각한 문제가 되고 있습니다. 무엇보다 불법 이민자들이 넘쳐납니다. 그 수가 무려 천만 명이 넘습니다. 합법 이민자라고 해서 문제가 없는 것은 아닙니다. 미국 전체 인구의 약 15퍼센트, 5천만 명이 이민자입니다. 이들에 대해 미국의 전통적 주류 사회, 곧 백인들의 불만이 고조되고 있습니다. 이민자들이 자기들의 일자리를 빼앗고 자기들이 지켜온 미국의 정체성을 어지럽히고 있다고 주장합니다.

여기에 정치인들이 이 문제를 선거와 정치에 이용하면서 이제는 단순히 이민에 대한 찬성 반대가 아니라 정치적 대결, 심지어 인종적 대결을 부추기는 쟁점이 되고 있습니다. 트럼프 대통령이 불법 이민을 막는다는 구실로 미국·멕시코 국경에 장벽을 설치하겠다고 해서, 이 문제로 미국 사회가 완전히 둘로 갈라져 대결을 벌이고 있습니다. 트럼프 대통령은 심지어 이민자 출신 하원의원들에게 '당신들 나라로 돌아가라'라는 막말까지도 서슴지 않았습니다. 많은 사람이 그를 비난하지만, 보수 백인들은 오히려 그런 트럼프를 지지하며 '그들을 돌려보내라(Send them back)'라고 외칩니다. 자칫하면 이 문제로 백인과 다른 인종 사이에 좀 더 심각한 싸움이 벌어질 것 같은 조짐마저 보입니다.

왜 미국에서 이민 문제가 이처럼 심각해졌을까요? 미국은 이에 대한 해결책을 찾아낼 수 있을까요?

집중탐구 트럼프 행정부의 이민 규제 정책

트럼프 행정부는 1960년대 이후 가장 강력한 이민 규제 정책을 추진하고 있습니다. 이러한 정책은 미국 주류 사회의 반이민 정서와 맞물려 누가 집권하든 앞으로 당분간 그 기조가 유지될 것으로 전망됩니다. 아니더라도 최소한 미국의 이민 정책이 크게 완화되지는 않을 것입니다. 트럼프 행정부가 추진 중인 주요 이민 규제 조치들은 다음과 같습니다.

· 불법 이민 근절과 불법 이민자 추방: 멕시코 국경 장벽 설치, 불법 이민 부모와 자녀의 강제 분리수용, 불법 이민자 수색 및 강제 추방

· 합법 이민 규제 강화: 영주권 50% 감축, 영주권자에 대한 사후 적격 심사 강화, 유학생에 대한 취업비자(H 비자) 발급 제한
· 미국 본토 내 출생자의 자동 시민권 부여 철회
· **적성국**(주로 중동 국가들)으로부터의 이민 금지
· 정치적 망명 허가 규제 강화
· **청소년 불법 이민자 추방 유예 조치**(DACA, Deferred Action for Childhood Arrivals) 철폐

이민의 역사 – 식민지 시대에서 19세기까지

우선 이민 문제의 역사적 배경을 좀 살펴볼 필요가 있습니다. 미국의 이민 역사는 그 시기를 몇 개로 나눠 볼 수 있습니다. 먼저 식민지 시대인데, 이때 약 100만 명의 이민자가 유럽에서 건너왔습니다. 당연히 영국인이 가장 많았고, 그 외 스코틀랜드, 아일랜드, 독일, 프랑스에서 사람들이 건너왔습니다. 종교적 박해를 피해 온 사람, 가난과 전쟁을 피해 온 사람들이 많았습니다.

사실 식민지 시대에는 누구나 원하면 이민을 올 수가 있었습니다. 오히려 제발 와 달라고 사정을 해야 할 형편이었지요. 독립하고 정식 국가가 되면서 비로소 이민 관련법이 만들어지고 규제가 이루어지기 시작했습니다. 1790년 제정된 귀화법이 대표적인데, 이 법은 미국에 귀화할 수 있는 사람을 '자유민 백인(free, white persons)'으로 한정했습니다(노예해방 뒤 1863년 흑인 노예들에 대해서만 예외를 인정했습니다). 귀화만 그렇지 이민에 관해서는 사실상 아무 규제가 없었습니다. 현실적으로 불가능했을 뿐 아니라, 서부 진출 과정에서

엄청난 사람들이 필요했기 때문에 이 사람 저 사람 가려서 이민을 받을 만한 상황이 아니었습니다.

그 결과 19세기에 약 3천만 명의 이민이 물밀듯 몰려왔습니다. 특히 1840년대 극심한 흉년으로 아일랜드에서 이민이 대거 몰려 왔습니다. 한때 전체 이민자들의 반 이상이 아일랜드 출신일 정도였지요. 이들은 변방으로 몰려가 피땀으로 땅을 일구고 미국 서부 개척의 선봉에 섰습니다. 지금도 이런 자부심이 대단합니다. 아일랜드 이민 후손들이 벌이는 성 패트릭 축제(Saint Patrick's Day, 3월 17일)는 추수감사절, 독립기념일과 함께 미국인들이 즐기는 가장 큰 축제 가운데 하나입니다.

19세기 미국 이민사의 또 다른 전환점은 골드러시 그리고 대륙횡단철도 건설이었습니다. 골드러시란 1840년대 캘리포니아에서 대량의 사금이 발견되면서 사람들이 '노다지'를 찾아 물밀듯 서부로 몰려간 것을 말합니다. 금을 채취하는 과정에 엄청난 노동력이 필요했지요. 대륙횡단철도 건설은 더 말할 필요조차 없습니다. 수천 킬로미터에 철도를 건설하는 인류 역사상 초유의 대역사였습니다. 변변한 기계도 없었고 대부분 일을 곡괭이를 들고 손으로 해야 했기 때문에 수백만 명의 인력이 필요했습니다.

이 일을 위해 또다시 수백만의 이민이 몰려 왔습니다. 대부분이 계약 노동자 신분이었고, 출신 지역도 이전과 달리 이탈리아 그리고 동구 유럽이 주를 이루었습니다. 이들은 인종, 종교 면에서 이전 이민자들과 달랐지요. 앵글로색슨, 게르만이 아닌 라틴−슬라브족, 프로테스탄트가 아닌 가톨릭과 정교 기독교인들이었습니다.

숫자로 살펴보기

	2015	2050
백인	77.4 %	70.8 %
백인(히스패닉 제외)	61.8 %	46.6 %
흑인	13.2 %	14.4 %
아시아계	5.3 %	7.7 %
혼혈	2.6 %	5.4 %
히스패닉/라티노	17.8 %	28 %

위 표는 미국의 인종별 구성비 현재 상황과 2050년 전망치입니다. 히스패닉계를 제외한 백인 비율은 2050년이 되면 50% 이하가 되고, 히스패닉계와 아시아계의 늘어난 인구가 백인의 빈 자리를 빠르게 차지할 것으로 전망됩니다. 이는 백인의 인구증가나 이민은 거의 정체 상태지만, 히스패닉과 아시아계 이민이 급증하는 추세에 있기 때문입니다. 특히 히스패닉 인구의 급증은 이민 증가와 함께 히스패닉 사회 내 높은 출산율에도 기인하는 바가 큽니다.

중국인 이민 금지법

특이한 것은 중국 이민자들입니다. 19세기 중반 **태평천국운동**으로 중국에서 수많은 난민이 발생했고, 이들 중 일부가 반노예 노동자 신분으로 태평양을 건너 미국으로 건너온 것입니다. 주로 금광과 철도 건설 현장에 투입되어 험한 일을 도맡아 했습니다. 1880년대 중국 이민자 수는 30만을 넘었고,

캘리포니아 전체 인구의 10퍼센트가 중국인일 정도로 수가 많았습니다.

필요해서 데려오기는 했지만, 이질적 이민자들에 대한 미국 주류 백인들의 거부감이 커지는 것은 당연했습니다. 특히 중국인들에 대해서는 서양 전통의 중국에 대한 두려움과 멸시감이 더해져 19세기 후반 중국인들의 이민이 전면적으로 금지되기에 이릅니다. 1882년 의회를 통과한 중국인 이민 금지법(Chinese Exclusion Act)이 그것입니다. 1943년 폐지되기까지 이 법에 따라 실질적으로 중국인들은 미국으로의 이민이 금지되었습니다.

이민의 역사 – 20세기 이후

한편 1924년에는 새로운 이민법이 통과되어 각 인종, 국가별로 이민 쿼터가 부과되었습니다. 실질적으로 이 법이 표적으로 삼은 것은 이탈리아 그리고 동구 사람들이었습니다. 유대인, 집시들도 마찬가지로 이 법에 따라 이민에 엄격한 제한을 받았습니다. 20세기 전반은 이렇게 아주 엄격한 이민 제한 정책이 시행되었습니다. 서유럽 사람들을 제외하면 실질적으로 이민과 귀화가 거의 금지되었다고 볼 수 있습니다. 다만 2차대전 이후 유대인들을 비롯한 전쟁 난민들에게는 일부 예외가 인정되었습니다.

이 모든 상황이 1965년 이민귀화법(Immigration and Nationality Act, 제안자의 이름을 따 Hart–Cellar 법이라고도 함) 통과로 극적으로 바뀝니다. 이 새로운 이민법은 기본적으로 인종, 국가별 이민 쿼터를 철폐했습니다. 1960년대 미국 사회와 정치를 휩쓴 진보주의 운동의 성과였지요.

1965년 이민법은 인종별 쿼터를 철폐했을 뿐 아니라 이민 자체에 대한 규제를 크게 완화했습니다. 아주 약간의 자격만 갖추면 누구나 미국으로의 이

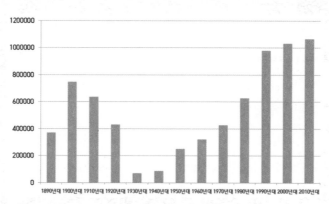

■ 〈표1〉 미국 연평균 이민자 수(1890~2017년)

〈표1〉은 1890~2017년 미국 연평균 이민자 수를 10년 단위로 표시한 것입니다. 1990년대 이후 이민자가 급증하여 연평균 1백만 명에 이르고 있습니다. 2017년 현재 이민자 수는 4,500만 명으로 미국 전체 인구의 약 14%에 달합니다.

■ 아메리카 43.7%
■ 아시아 37.7%
■ 아프리카 10.5%
■ 유럽 7.5%
■ 오세아니아 0.5%
■ 기타 0.1%

■ 〈표2〉 미국 신규 영주권 취득자의 출신 지역 분포(2016년)

〈표2〉는 2016년 미국 영주권 취득자의 출신 지역 비율입니다. 중남미, 아시아, 아프리카 출신이 대부분을 차지합니다. 한때 이민자의 대부분을 차지했던 유럽 출신자들의 비율은 10퍼센트 미만입니다.

민을 신청할 수 있었고 이민이 허락되었습니다. 가장 큰 혜택을 본 것은 아시아인과 중남미인들이었습니다. 1950년대 이전까지는 이민자 가운데 유럽인들의 비중이 절대적이었지만, 1970년 이후로는 아시아와 중남미 출신이 압도적으로 늘었습니다. 지금은 거의 80퍼센트에 달할 정도지요. 이민자 수도 1950년대 1년 평균 26만 명 정도였던 것이 2017년에는 120만 명으로 늘었습니다. 특히 2000년 이후 이민자가 급증하는 추세에 있는데, 지금까지 무려 2천만 명에 달합니다. 그 결과 처음에도 말했듯이 오늘날 미국 전체 인구에서 이민자가 차지하는 비율이 15퍼센트, 약 5천만 명에 육박한 것입니다.

이민과 정체성의 고뇌

이상이 미국 이민의 개략적 역사입니다. 어떤 느낌이 드나요? 가장 먼저 드는 생각은, 지금 미국 보수 정부의 반이민 정책은 한마디로 올 것이 왔다고 하는 것입니다. 1970년대 이후 이민, 특히 아시아와 중남미로부터 이민이 급증하면서 미국 사회의 모습이 전반적으로 완전히 달라졌습니다. 우선 불법 이민 문제가 심각합니다. 지금 천만 명이 넘는 불법 이민자들이 있는 것으로 추산되는데, 이들이 미국 사회의 밑바닥을 전전하면서 온갖 불법 고용,

인권 유린, 범죄, 마약, 빈곤의 온상이 되고 있습니다. 또한, 유럽이 아닌 아시아, 중남미인들의 이민이 주를 이루면서 '백인, 기독교, 영어'라는 전통적 미국 정체성의 근간이 위협을 받고 있습니다. 단적인 예를 들면, 플로리다주의 가장 큰 도시인 마이애미의 경우 전체 인구의 70퍼센트가 히스패닉(Hispanic) 또는 라티노(Latino)로 불리는 중미 출신 사람들입니다. 이들의 종교는 가톨릭이고 사용하는 언어는 스페인어입니다. 이곳에서는 백인들이 소수 취급을 받고 영어는 잘 통하지도 않습니다. 말이 미국이지 완전히 다른 세상이 된 겁니다. 비단 마이애미뿐 아니라 멕시코 국경 가까이 있는 거의 모든 도시가 실질적으로 '라티노'들에 의해 점령되었다고 해도 과언이 아닙니다.

이러한 현상이 오늘날 미국에 무엇을 의미할까요? 미국은 본래 이민자들의 나라이고 각양각색의 이민자들이 모여 사는 사회였습니다. 이것이 세계 어느 나라에서도 볼 수 없는 다양성을 미국에 부여했고, 이것이 바로 미국만이 가질 수 있는 특징이자 힘이라고 사람들이 생각하던 때가 있었습니다.

그렇지만 다양함에는 두 얼굴이 있습니다. 비빔밥이 적절한 비유가 될 수 있을까요? 아무거나 섞어 비빈다고 비빔밥이 되는 건 아닙니다. 궁합이 맞는 재료들로 잘 비비면 맛있는 음식이 됩니다. 반대로 전혀 어울리지 않는 재료들을 비벼 놓으면 아무도 먹을 수 없습니다. 이전에는 미국이 맛있는 비빔밥과 같았습니다. 미국인들은 이를 샐러드, 토마토 수프에 비유했지요. 지금은? 그 다양성이 서로 조화롭게 섞이거나 하나로 녹아들지 않고, 오히려 사회를 분열시키는 원인이 되고 있습니다. 우리가 흔히 말하는 '콩가루'의 비유가 여기에 해당한다고 할 수 있습니다.

많은 사람이 이러한 현실을 우려합니다. 새뮤얼 헌팅턴(Samuel Huntington)

이라는 유명한 학자가 있습니다. 하버드대학교 정치학 교수를 역임했고 우리한테는《문명의 충돌(The Clash of Civilizations)》의 저자로 잘 알려진 사람입니다. 그 책보다 덜 알려졌지만 그가 쓴《미국인, 우리는 누구인가? – 미국 국가 정체성에 대한 도전(Who Are We? The Challenges to America's National Identity)》이라는 책이 있는데, 거기에서 그는 급증하는 아시아, 히스패닉 이민자들을 미국 국가 정체성에 대한 최대의 위기로 간주하고, 이들을 그대로 놔두면 미국이 회복 불능의 분열 사태를 맞을 것이라 경고합니다.

객관적으로 볼 때 헌팅턴의 이런 주장은 아마 사실일 겁니다. 사실 미국 아니라 어떤 나라도 이런 식의 정체성 위기를 겪으면서 살아남을 수 있는 나라는 없지요. 어떤 식으로든 해결책이 나오지 않으면 안 됩니다.

▎ 새뮤얼 헌팅턴(1927~2008)

문제는 이런 이야기를 하는 것이 어떤 의미에서 이미 때가 늦었다는 것입니다. 1970년대 이후 이민 정책을 완화하면서도 길게 앞날을 내다본 정책들을 추진해야 했는데, 그러지 못했습니다. 공화당이나 민주당 다 마찬가지였지요. 경쟁적으로 이민 확대만을 추구했지 정치적 부담이 있는 규제는 꺼렸습니다. 그러다 보니 지금의 상황에 이른 것입니다.

이렇게 보면 현재 미국 사회, 특히 주류 백인 사회의 반이민 정서는 그동안 쌓인 불만이 폭발한 것입니다. 2001년 **9·11 테러** 이후 이민자들에 대한 미국 백인 사회의 반감은 꾸준히 고조됐습니다. 그러다 극우 정치인들의 선동으로 이들이 마침내 뭉친 것이지요.

이건 아마도 일시적 현상은 아닐 것입니다. 앞으로 당분간 어떤 정부가 들어서도 이민에 대한 규제는 강화되고 엄격한 정책이 시행될 것입니다. 여전히 미국 사회의 주류는 보수 백인들이고 이들의 결집된 힘을 누구도 무시할 수 없을 것이기 때문입니다. 다만 문제는 전에 말했듯이 이것이 문제에 대한 근본적 해결책이 될 수는 없다는 데 있습니다. 예를 들어 헌팅턴은 이민을 크게 제한하고 공용어를 영어로 제한하고 학교에서 종교의식을 허용할 것을 주장합니다. 그렇지만 이미 많은 곳에서 영어가 아닌 다른 언어가 공용 또는 준공용어로 통용되고 있습니다. 뉴욕의 지하철을 타면 영어와 함께 스페인어 안내 방송이 나옵니다. 모든 가전제품에는 영어 설명서 외에 스페인어 설명서가 딸려 있습니다. 학교나 공공장소에서의 어떤 종교의식도 대법원의 판결에 따라 금지되고 있습니다. 이런 상황에서 과연 헌팅턴의 주장이 얼마나 현실성이 있을지는 의문입니다.

이론적으로만 본다면 다양한 것들을 억지로 하나로 묶으려 하지 말고 다양성 그 자체를 인정하는 새로운 정체성이 추구되어야 합니다. 과연 이러한 것이 가능한지, 현실적으로 어떤 방법들이 있을지는 앞으로 미국 사회가 고민해야 할 문제입니다. 가능성은 여러 가지입니다. 미국 사회가 이 문제로 완전히 분열될 수도 있고, 새로운 정체성의 다른 다원주의 사회로 발전할 수도 있습니다. 물론 후자가 바람직하지만, 그 과정에서 어느 정도의 혼란은 불가피할 것으로 보입니다.

7장 한국과 미국

미국은 우리에게 가깝고 중요한 나라입니다. 물론 태평양 건너에 있고 빠른 비행기로도 10~15시간을 날아야 가는 먼 나라지만, 사람들은 그보다 훨씬 가깝게 생각합니다. 그냥 무심하게 텔레비전에 매일 미국 관련 뉴스가 나오고, 친척 중 한둘은 미국에 살고, 유학·사업·여행 등으로 한두 번은 미국에 가 본 사람들이 많습니다. 그러다 보니 미국이 마치 이웃 동네처럼 가깝게 느껴질 때도 있습니다.

우리가 미국을 이렇게 가깝게 느끼는 또 다른 이유는 미국이 그만큼 우리에게 중요한 나라이기 때문입니다. 한국 근대사에서 미국은 일본과 함께 우리의 운명에 가장 큰 영향을 미친 나라입니다. 특히 남북이 갈라져 대치하고 있는 지금은 미국이 한국의 안보를 쥐고 있다고 할 정도로 영향력이 절대적입니다. 우리를 걱정하게 만드는 북한 핵 문제 해결의 열쇠도 결국은 미국이 가지고 있습니다.

미국, 친미, 반미

미국이 이처럼 우리에게 중요한 나라이므로 우리 사회에서 미국에 관한 논쟁이 있는 것도 당연합니다. 소위 친미·반미 논쟁입니다. 결론적으로 말하면 우리 사회에서 친미·반미는 생각처럼 그렇게 멀리 있지 않습니다. 아마도 미국에 대한 기대감이 너무 컸기 때문이 아닐까요? 친미는 미국이 그런 기대감을 충족시켜 주었다는 감사의 표시이고, 반미는 미국이 우리의 기대를 배반했다는 분노의 표시라는 것이지요. 애초부터 기대하는 것이 없었다고 하면 친미나 반미도 없었을 겁니다. 동시에 기대가 컸던 점에서는 마찬가지이기 때문에 친미나 반미는 언제든 바뀔 수 있습니다. 마치 사람에 대한 감정이 바뀌는 것처럼 말입니다.

어쨌든 나라 간 관계를 좋다, 싫다는 식의 감정 차원으로 바라보는 것은 바람직하지 않습니다. 우리가 그동안 미국과의 관계에서 삐걱댔던 이유 가운데 많은 부분이 여기에 있을지 모릅니다. 예를 들어 미국은 우리의 '혈맹'이기 때문에 어떤 일이 있어도 우리를 도와주고 우리를 지켜줄 거라는 강한 믿음이 우리에게 있습니다. 정작 미국은 우리를 '혈맹'이라 부르지도 않고, 우리를 '배반한' 경우도 적지 않았는데 말입니다. 이렇게 말하는 것은 '반미'를 말하는 것과 다릅니다. 나라 간의 관계가 본질적으로 이해관계, 소위 국가이익(national interest)을 따라 움직이는 것이기 때문에 미국에 대한 우리의 태도 역시 좀 더 현실적으로 바뀔 필요가 있습니다.

첫 만남

아무튼, 우리가 미국을 친미·반미의 감정으로 바라보게 된 것은 그동안 한미관계의 역사와 관련이 있습니다.

한국과 미국은 19세기 초부터 간헐적인 만남이 있었지만, 최초의 유의미한 만남은 1866년이었습니다. 제너럴셔먼호라는 미국 국적의 무역선이 허락도 없이 대동강을 거슬러 올라왔다가 평양 주민들의 공격으로 배가 불타고 배에 탔던 200명 가까운 사람이 목숨을 잃었습니다. 이의 책임을 묻는다는 명분으로 1871년 미국 극동 함대가 한국에 출동했는데, 강화도 해역에서 조선 수비대의 저항에 막혀 몇 차례 싸움을 벌이고는 그냥 물러갔습니다. 우리가 국사에서 배워 잘 아는 신미양요(辛未洋擾) 사건입니다. 조선 측 피해가 훨씬 컸기 때문에 미국이 싸움에 져서 물러간 것은 아니고, 아마 그 정도로 충분히 본때를 보여주었다고 생각했기 때문이었을 겁니다.

▌ 신미양요 때 미국 해군에게
　점령당한 강화도 덕진진

어떻게 봐도 그리 유쾌하지 않은 첫 만남이었는데, 이로부터 불과 10년도 지나지 않은 1882년 조선은 서양 국가로는 최초로 미국과 수교합니다. 복잡한 사정이 있었습니다만, 어느 정도 우연의 요소도 있었고, 결정적으로는 당시 종주국이었던 청나라의 강한 권유가 있었습니다. 특히 청의 관리였던 황쭌셴의 《조선책략(朝鮮策略)》이라는 소책자가 큰 영향을 끼친 것으로 알려졌습니다. 황쭌셴은 이 책에서 미국은 다른 서양 나라들과 달리 다른 나라를 침략하려는 의도가 없고 신사적이므로 수교하면 여러모로 도움을 받을 것이라고 말했습니다.

어쨌든 이렇게 해서 조선은 미국과 1882년 조미수호통상조약을 맺습니다. 그리고 조선은 정말 미국에 많은 기대를 품었습니다. 특히 고종은 열렬한 친미주의자였습니다. 개항 이후 조선은 일본, 청, 러시아의 피비린내 나는 각축장이 되었는데, 조선이 도움을 요청할 만한 나라는 미국밖에 없었습니다. 적어도 조선은 그렇게 생각했지요.

미국의 생각은 달랐습니다. 처음부터 조선에 특별한 이해관계도 없었고 굳이 조선 문제로 극동에서 귀찮은 일들에 휘말리고 싶지 않았습니다. 오히려 미국은 일본의 조선 진출을 지지했지요. 그래서 1904년 일본과 러시아가 한반도를 두고 벌인 러일전쟁에서 일본이 승리하자 미국은 두말없이 서양 나라 중 가장 먼저 조선을 떠났습니다. 그 과정에서 필리핀과 조선을 맞바꾸는 밀약을 일본과 했던 것은 잘 알려져 있습니다. 소위 **가쓰라·태프트 밀약**이라고 하는 것입니다.

이후 조선이 일본의 식민지가 되고 36년간의 지배를 받는 동안, 한국에 대한 미국의 기본적인 태도는 '관심 없음'이었습니다. 사실 관심을 가지기에는 한국이라는 나라가 미국에 아무 이해관계가 없었습니다. 그리고 이런 무관심은 현실적으로 일본의 한국 지배를 찬성 내지는 묵인한다는 의미였습니다.

기독교와 미국 기독교 선교사

다만 이 시기 한미관계에 특별한 부분이 있다면 바로 기독교였습니다. 1885년 언더우드와 아펜젤러 두 명의 미국인 기독교 선교사가 한국에 옵니다. 이들에 의해 시작된 기독교가 불과 20년 만에 수십만 추종자를 헤아리게 되었습니다. 근대 비서구 기독교 역사에서 매우 이례적인 경우입니다. 단순히 기독교라는 종교만 들어온 게 아닙니다. 기독교와 함께 서구 자유주의 사상이 들어오고 학교, 병원 같은 서구 문물이 도입되었습니다. 연세대학교, 이화여자대학교 등 우리나라 최초의 근대식 교육기관, 세브란스 병원 등 근대식 병원들이 모두 미국 기독교 선교사들에 의해 시작되었습니다. 서재필, 이승만, 윤치호, 유길준 등 개화기 선각자 지식인 대부분이 기독교의 직간접적 영향을 받았습니다.

한국에서의 이런 성공에 고무되어 미국 기독교계에서는 계속 선교사들을 파견하여 1890년대 이미 그 수가 수백 명에 달할 정도였습니다. 1905년 을사늑약 체결 당시 미국 영사관에 파견되어 있던 미국 관리가 딱 한 사람밖에 없었던 것과 대조됩니다. 정치적으로는 거의 아무런 관계가 없었지만, 기독교를 통한 비정치적 교류는 아주 활발했습니다.

이런 상황은 일본의 한국 식민통치 기간에도 계속되었습니다. 기독교는 꾸준히 교세를 늘려나갔고, 근대화와 계몽운동에 선구적 역할을 했고, 미국에서는 꾸준히 선교사들이 들어 왔고, 많은 한국인이 기독교 교회를 통해 미국에 건너갔습니다. 서재필, 이승만, 한경직 등 수많은 인사가 미국에 가 공부하고 국내외에서 민족을 이끄는 지도자로 활약했습니다.

일제 지배에 대해 기독교가 전반적으로 어떤 태도를 보였는지는 지금도 논란이 있습니다만, 이를 한마디로 평가하기는 불가능합니다. 두 가지 면이 다 있었고, 어떤 의미에서 그럴 수밖에 없었습니다. 다만 그것과 상관없이 기독교가 한국의 근대화에 매우 중요한 역할을 했다는 것, 식민지 한국과 미국이 기독교를 통해 계속 교류를 이어갔다는 것이 중요합니다. 오늘날 한국과 미국에서 친미파, 친한파는 그 뿌리가 조선 말~일제강점기의 기독교에 닿아 있습니다.

인물탐구 미국 기독교 선교사

미국 기독교 선교사들은 한국의 근대화와 한미관계에 큰 영향을 미쳤습니다. 초기 내한한 벨과 린턴 선교사의 다음 계보는 이를 상징적으로 보여줍니다.

배유지(Eugene Bell, 1868~1925)
'전남지역 선교의 아버지'로 불리는 선교사입니다. 1895년 미국의 남장로교 선교사로 내한하여 목포 선교부와 광주 선교부를 창설하였습니다. 또한 광주, 전남지역에 수많은 교회를 설립하고 복음을 전하였습니다. 이와 함께 목포에 정명학교와 영흥학교, 광주에 숭일학교와 수피아여학교 그리고 광주 최초의 병원인 제중병원(현, 광주기독병원) 설립에 이바지하였습니다. 그의 아내 배로티는 함께 사역하다 31세의 나이에 한국에서 숨졌으며 현재 서울 양화진 선교사 묘지에 잠들어 있습니다.

인돈(William Linton, 1891~1960)
유진 벨 선교사의 딸인 샬롯 벨과 결혼한 뒤 전주 기전여고, 전주 신흥고 등 미국 남장로교 선교사들이 세운 학교의 교장으로 활동하였고 이후 한남대학교의 전신인 대전대학을 설립하였습니다. 신사참배 거부로 추방되었다가 광복 뒤 다시 내한하는 굴곡을 겪기도 했습니다. 인돈 목사 부부는 40여 년 동안 사역하면서 군산, 전주, 목포, 대전 등에 여러

학교를 설립하며 전라도 지역의 선교사역에 힘썼습니다.

인휴(Hugh Linton, 1926~1984)
윌리엄 린턴의 셋째 아들로 군산에서 태어나 미국에서 자랐습니다. 다시 한국으로 돌아와 '검정 고무신'이라는 별명을 얻어 전라남도 섬 지방과 벽지를 돌아다니며 200곳이 넘는 교회를 개척하였습니다. 인천상륙작전에도 참전하였습니다. 이후 1960년대 순천 일대에 큰 수해가 나면서 결핵이 유행하자 부인 인애자와 함께 결핵 진료소와 요양원을 세웠습니다. 부인은 이후 남편의 죽음을 겪으면서도 35년간 결핵 환자를 위해 헌신하다 1994년 은퇴하였습니다.

인세반(Stephen Linton, 1950~)
휴 린턴의 아들로 1995년 한국 선교사역 100주년을 기념하여 유진벨재단을 설립하였습니다. 어린 시절을 전라남도 순천에서 보냈으며 1979년 평양방문을 계기로 "또 다른 한국"의 모습을 보고 이후 북한을 돕는 일에 앞장서 왔습니다.

인요한(John Linton, 1959~)
휴 린턴의 아들로 연세대학교 의과대학 가정의학과 교수 겸 세브란스병원 국제진료센터 소장입니다. 형 스티븐 린턴이 대북 인도지원단체 유진벨재단을 설립할 때 함께하였습니다. 최초의 한국형 앰뷸런스를 개발하여 개량과 보급에 힘썼습니다.

냉전과 한미동맹

한국과 미국은 제2차 세계대전이 끝나고 세계가 미국과 소련의 냉전체제로 접어들면서 관계의 근본적 변화를 맞이합니다. 미국이 추구한 공산주의 진출 봉쇄전략(Containment Policy)의 최전선에 한반도가 선 것이지요. 미국은 아시아 대륙에서 마지막 남은 자유 진영이자 전략적 요충인 남한에 대규모 군사력을 배치하고, 이곳을 저지선으로 삼아 공산주의의 진출을 막고자 했습니다. 마침내 소련과 중국의 지원을 등에 업은 북한이 무력으로 남한을 공격하면서 전쟁이 벌어졌습니다. 1950년에 시작되어 무려 3년이나 계속된 한국전쟁입니다. 미국은 필사적으로 공산주의에 맞섰고 결국 남한을 지켜냈습니다. 전쟁이 끝나자 미국은 한국과 동맹조약을 체결하고 더욱 강력한 군사력을 한반도에 배치했습니다. 여기에 한국의 정치적 안정을 위해 1960년대부터 한국이 추진한 근대산업화 정책을 적극적으로 지원했습니다. 대규모 무상지원과 차관을 제공하고 미국 기업들이 한국에 직접 투자를 하고 미국 시장을 한국에 개방했습니다. 이에 힘입어 한국은 기적적인 경제성장을 이뤘고 오늘날 세계에서 손꼽히는 경제 대국이 되었습니다. 이 모든 것이 전부 미국 덕분이라고 할 수는 없지만, 미국이 없었다면 한국의 산업근대화는 어려웠을 것입니다.

이렇게 해서 한국은 미국의 가장 강력하고 모범적인 동맹국의 하나가 되었습니다. 한국에서 미국을 혈맹이라 부르게 된 것은 당연했습니다. 같이 피를 흘리며 싸워 자유 대한민국을 지켜 냈기 때문입니다.

알아 두기

한미상호방위조약

1953년 10월 1일 체결된 한국과 미국 간의 상호방위 및 동맹조약(Mutual Defense Treaty between the Republic of Korea and the United States of America)으로, 다음 두 개의 조항이 핵심을 이룹니다.

제3조: 양국은 태평양 지역에서 상대방이 행정 통치하는 영토에 무력 공격이 있을 때 …… 이를 자신의 평화와 안전에 대한 위협으로 간주하고, 각국 헌법 절차에 따라 위 공동 위협에 대응하기로 선언한다.

제4조: 한국은 양국 간 합의에 따라 한국 영토 내 그리고 주변 지역에 미국이 육군, 공군, 해군 병력을 배치할 수 있는 권한을 미국에 부여하고, 미국은 이를 수락한다.

갈림길에 선 한미관계

1990년대 공산권이 무너지고 냉전체제가 와해되면서 한국과 미국의 '혈맹' 관계는 다시 변화의 갈림길에 섭니다. 공산주의가 무너졌기 때문에 한미동맹과 주한미군의 명분도 사라질 위기에 처한 겁니다. 실제로 당시 한국과 미국에서 주한미군과 한미동맹체제의 존속 여부를 두고 맹렬한 논쟁이 벌어지기도 했습니다. 그렇지만 한국과 미국은 결국 동맹체제와 주한미군을 그대로 유지하기로 했습니다. 북한의 위협이 여전하고, 무너진 소련을 대신해서 중국이 미국의 새로운 안보위협으로 떠올랐기 때문입니다. 한국은 미국 없이 국가안보를 장담할 수 없었고, 미국은 미국대로 한미동맹과 주한미군을 유지하는 것이 미국의 국가이익에 도움이 된다고 판단했습니다. 양국의 이해관계가 잘 맞아떨어진 겁니다.

지금도 한미동맹체제는 여전히 강고하게 유지되고 있습니다. 그렇지만 지금 한미동맹체제는 냉전 시대와는 역할과 주변 환경이 크게 달라졌습니다. 우리는 여전히 동맹국으로서 미국이 절대 필요합니다. 한국이 경제와 군사력에서 강대국의 반열에 들기는 했지만, 북한의 군사적 위협, 중국의 잠재적 위협을 홀로 감당하기에는 역부족인 것이 사실입니다.

미국은 어떨까요? 위에서 말했듯이 미국이 여전히 한미동맹과 주한미군을 유지하는 이유는 그것이 미국의 국가이익에 부합한다고 보기 때문입니다. 실제 미국은 북한 같은 '불량국가'가 핵무기를 가지고 장난하지 못하도록, 그리고 중국의 군사적 팽창을 견제하기 위해 한국에 군사력을 유지하는 것이 유리합니다. 그렇지 않으면 바다에 군사력을 배치해야 하는데 여러모로 비효율적이고 비용도 많이 들 것입니다.

문제는 이런 상황이 앞으로 어떻게 될지 알 수 없다는 것입니다. 솔직히 미국으로서는 한미동맹체제가 냉전 시대만큼 절박한 것은 아닙니다. 그때는 어떤 대가를 치르더라도 한국과 한반도를 공산주의로부터 지켜 내야 했지요. 지금은? 필요하고 유리하다는 것이지, 사활적이거나 절대적인 것은 아니라고 말할 수 있습니다. 미국의 전략적 판단에 따라 한미동맹은 폐기까지는 아니더라도 언제든 근본적 변화가 있을 수 있습니다.

특히 문제가 되는 것이 미국의 상대적 국력 쇠퇴입니다. 전에는 워낙 국력이 강대했기 때문에 한미동맹체제의 모든 부담을 미국 혼자 지고 갈 수 있었습니다. 지금은 미국이 무척 버거워 보입니다. 그래서 끊임없이 한국에 '방위비 분담' 요구를 하고 있고, 앞으로도 그런 압력은 거세면 거세지지 약해지지는 않을 것입니다. 만약 한국이 계속 그런 요구를 거부하면 어떻게 될까요? 미국이 결단하고 한반도에서 전면적으로 발을 뺄 가능성도 간과할 수 없습니다. 과거와 많이 다른 상황이라는 것이지요.

▌ 한미합동군사훈련

공은 결국 한국으로 넘어옵니다. 이론적으로는 두 가지 대안이 있습니다. 한미동맹을 유지하는 것, 이를 폐지하고 다른 대안을 찾아보는 것. 어느 쪽을 선택하더라도 한국에는 엄청난 부담이 따릅니다. 특히 후자는 지금껏 우리가 한 번도 진지하게 생각해 본 적이 없으므로 절대 섣불리 갈 수 없는 길입니다.

중요한 것은 어떤 선택을 하든 한국은 이제 미국을 현실적으로 바라볼 필요가 있다는 것입니다. 과거의 막연한 기대감은 달라진 상황에 맞지 않습니다. 그런데도 아직 우리에게는 그런 것이 많이 남아 있는 것 같습니다. 오랜 경험을 통해 형성된 감정 같은 것이기 때문에 극복하기가 쉽지 않지요. 이는 한미 수교부터 시작되었고, 기독교의 양분으로 성장했고, 한국전쟁에서 서로 확인했고, 이후의 한미동맹 체제에서 공고하게 자리 잡았습니다. 특히 오늘날 한국의 기독교는 한미동맹과 더불어 성장하면서 한국과 미국의 '정서적' 유대감 강화에 절대적 공헌을 했습니다. 이런 상황에서 미국에 대해 '현실적인' 태도를 보인다는 것이 절대 쉽지 않습니다. 자칫하면 반미로 오해받을 수도 있지요. 그렇지만 시대와 상황이 달라진 만큼 미국을 보는 우리의 시각과 태도도 달라져야 합니다. 그렇지 못하면 우리는 아마도 앞으로 미국에 실망할 일이 점점 많아질 것이고, 그러다 보면 하루아침에 친미가 반미가 되는 바람직하지 않은 상황이 올 수도 있을 테니까요.

8장 보수주의의 귀환?

2016년 미국 대통령 선거에서 도널드 트럼프(Donald Trump) 공화당 후보가 당선된 것은 미국 정치사에서 매우 특이한 사건입니다. 선거 1년 전만 해도 그의 당선을 예상한 사람은 없었습니다. 무엇보다 미국 대통령으로서 자격이 없어 보이는 인물이었지요. 그는 미국에서 가장 부자이고 성공한 사업가 가운데 하나였지만, 그보다는 텔레비전 엔터테이너로 더 유명했습니다. NBC 방송의 '수습 임원(The Apprentice)'이라는 프로그램이 있는데, 여기에서 그가 시도 때도 없이 외쳤던 '넌 해고야!(You are fired!)'라는 말이 전국적으로 유행하기도 했습니다. 사실 이보다 훨씬 심한 '막말'들을 공개된 장소에서 거침없이 내뱉었는데, 오히려 이 때문에 인기가 더 많았습니다. 여성 편력을 비롯해 윤리적으로도 문제가 있는 인물이었습니다. 우리 식으로 말하면 '난봉꾼 재벌 2세'쯤 될까요?

이단아 트럼프

트럼프는 정치적으로도 별다른 경력이 없었습니다. 정당에는 소속되어 있었지만 이곳저곳을 옮겨 다녔고, 일관된 정치적 견해도 없었습니다. 특별히 중요한 정치적 직책을 맡은 일도 없었고요. 지금까지 미국 대통령은 화려한 정치경력에 연방 상원의원, 주지사, 고위공직자 출신이 대부분이었습니다. 그 기준으로만 본다면 트럼프는 '흙수저' 출신입니다.

트럼프의 당선이 더 놀라운 건 그의 극단적 이념과 정책 때문입니다. 선거 과정에서 그는 이민자들에 대한 혐오와 이민 제한, 백인 우월주의, 보호무역, 동맹의 재편, 반세계화, 반환경주의 같은 극단적 태도와 정책을 내세웠는데, 놀랍게도 대중들은 이를 지지했고 그를 당선시켰습니다. 당선 뒤에는 어쩔 수 없는 현실적 이유로 조금 누그러지기는 했지만 그런 기조는 지금도 유지되고 있습니다.

▌ 2016년 미국 대통령 선거 당시 유세 중이던 도널드 트럼프

보수주의와 극우 포퓰리즘

사람들은 이를 두고 미국에서 '보수주의'가 득세했다고 하고, 그 원인이 어디에 있고 어떤 결과를 가져올지 논쟁을 벌이고 있습니다. 북한 핵 문제를

안고 있는 우리도 신경이 쓰일 수밖에 없는 주제입니다.

결론적으로 말해 트럼프 대통령의 이념과 정책은 '보수주의(conservatism)'가 아닙니다. 그보다는 우파 또는 극우 **포퓰리즘**(right-wing populism)에 가깝습니다. 그리고 이의 예상되는 결과는 생각보다 엄중하고 나쁜 소식이 될 가능성이 큽니다.

'보수주의'는 정의하기가 참 어렵습니다. 시간과 장소에 따라 의미가 다르고 정책이 다릅니다. 예를 들어 한국에서 보수주의는 공산주의와 사회주의의 반대 명제에 가깝습니다. 미국에서는 보수주의와 자유주의를 가르는 가장 큰 이슈가 낙태, 의료보험, 총기 문제입니다. 한국에서는 상대적으로 덜 중대한 이슈들이지요.

보수주의에 대한 가장 설득력 있고 보편적인 정의는 현대 정치철학자 마이클 오크숏(Michael Oakeshott)이 내린 정의입니다. 그는 보수주의를 철학이나 정책이 아닌, 하나의 '태도' 또는 '성향'으로 이해합니다. 그에 따르면 보수주의는 "알지 못하는 것보다 익숙한 것, 시험 되지 않은 것보다 증명된 것, 신비한 것보다 눈앞의 사실, 가능한 것보다 실재, 고삐 풀린 것보다 제어된 것, 멀리 있는 것보다 가까이 있는 것을 선호하는 태도"를 뜻합니다.

한국에서 보수주의의 반대는 '진보주의'라고 하는데, 진보주의는 서구에서는 잘 쓰이지 않는 표현입니다. 보수주의의 반의어는 자유주의(liberalism)인데, 대강 위의 보수주의와 반대되는 성향을 뜻한다고 보면 되겠습니다. 보수주의는 위의 성향으로 각 사회가 당면한 문제들에 대해 자유주의와는 다른 '보수적' 태도와 정책들을 추구합니다.

기본적으로 지금까지 큰 문제가 없었으면 섣불리 바꾸려 들지 말고 그대로 두자는 것이 보수주의의 입장입니다.

이런 기준에서 본다면 트럼프의 이념과 정책은 보수주의와는 거리가 멉니다. 심지어 트럼프가 보수주의를 파괴하고 있다고 주장하는 사람들도 많습니다. 미국에서 지금까지 어떤 보수주의자도 트럼프처럼 인종차별적이고 국수적이고 반지성적이지 않았습니다. 오히려 그 반대였지요.

많은 전문가가 트럼프의 이념과 정치를 보수주의가 아닌 '극우 포퓰리즘' (Far-Right Populism)이라고 말합니다. 여기서 '극우'라 함은 보수주의가 극단으로 간 것을 말합니다. 역사적으로 극우파는 반이민, 순혈 종족주의, 반공산주의, 보호무역주의, 반복지를 내세웁니다. 포퓰리즘이란 대중의 감성에 호소해 대중을 정치적 목적에 동원하는 정치기술을 뜻합니다. 이를 위해서는 사회를 극소수의 특권층과 대부분의 선량한 시민으로 양분해, 특권층에 대한 대중의 적대감을 부추기는 수법이 동원됩니다. 이 과정에서 선동가는 대중의 우상이자 구원자로 등장합니다.

극우 포퓰리즘을 더욱 쉽게 이해하려면 1930년대 독일 독재자 히틀러를 떠올리면 됩니다. 게르만 민족 우월주의를 앞세워 대중을 선동하고 나라를 전쟁과 유대인 집단학살의 광기로 몰고 간 인물입니다.

사례탐구 Ku Klux Klan

미국 남북전쟁 뒤 남부에서 시작된 백인 우월주의 비밀결사로, 명칭은 '비밀결사'라는 뜻의 그리스어입니다. 보통 KKK 또는 Klan이라고 부릅니다. 백인의 종족적 우월성과 순혈주의, 반흑인–반유태주의, 기독교 근본주의를 내세우며, 목적 달성을 위해 자주 폭력, 암살, 시위 등 불법적 수단들을 동원합니다. 계속된 탄압과 단속에도 보수 백인들 사이에 여전히 강한 세력과 정치적 영향력을 유지하고 있습니다.

트럼프를 히틀러에 비유하는 건 조금 과할 수도 있겠습니다만, 그냥 지나치기에는 너무나 비슷한 점이 많습니다. 선거 기간 중 트럼프의 선거운동을 기획한 사람들은 미국에서 소위 '대안 우파(Alternative Right)'라고 하는 사람들입니다. 2010년을 전후하여 세력을 넓힌 극우 백인우월주의자들이죠. 이민자들에 대한 이들의 혐오와 백인우월주의, 국수주의는 악명 높은 백인우월주의 비밀결사인 KKK(Ku Klux Klan) 못지않습니다. 이들이 앞장서 보수 백인들을 트럼프 지지세력으로 끌어모았고 결국 그를 당선시켰습니다. 대표적 대안 우파 인물 스티브 배넌(Steve Bannon)은 트럼프 취임 뒤 그의 수석 전략보좌관으로 막강한 영향력을 행사하기도 했습니다.

네 나라로 돌아가라!

취임 이후 트럼프 행정부의 정책은 사실 선거 기간에 그가 암시했던 것만큼 극단적이지는 않습니다. 아직 미국 사회가 거기까지는 용인하지 않기 때문입니다. 그렇지만 반이민, 반세계화, 국수주의, 백인우월주의, 포퓰리즘의 기조는 강고히 유지되고 있습니다. 미국·멕시코 국경에 장벽을 세우고, 불법 이민자들을 강제 추방하고, 중국과 무역전쟁을 벌이고, 동맹국들에 방위비 분담을 요구하고 있습니다.

그중에서도 특히 논란의 중심에 있는 것이 트럼프 행정부의 반이민 정서와 정책들입니다. 상징적 사건이 있습니다. 이민자 출신 연방 하원의원 일한 오마(Ilhan Omar)에게 '네 나라로 돌아가라'라는 막말을 한 것입니다.

▌ 미국 연방 하원의원 일한 오마

오마는 수단 내전의 난민으로 어린 시절 부모를 따라 미국에 망명했습니다. 미국에서 대학을 마치고 미네소타주 하원의원을 거쳐 연방 하원의원에 당선되었습니다. 당연히 미국 시민권을 가진 미국인입니다. 그는 이민자 출신 동료 여성 연방 하원의원들과 함께 트럼프 행정부의 반이민 정책에 앞장서 반대했습니다. 그러자 트럼프 대통령이 그에게 '건방지게 미국을 교육하려 들지 말고 네 나라로 돌아가라'라는 '트윗'을 날려 전국을 충격에 빠뜨렸습니다. 여기에서 그치지 않고 그는 한 정치 집회에서 다시 한번 오마를 비난했습니다. 그를 열성적으로 지지하는 사람들은 트럼프 대통령의 상징인 '다시 위대한 미국을 만들자(Make America Great Again)'라는 모자를 쓰고 '그 여자를 돌려보내라(Send her back!)'라는 구호를 외쳐, 그 모습이 고스란히 텔레비전 전파를 탔습니다.

이 사건은 엄청난 파장을 불러일으켰습니다. 오마는 이미 미국 시민이고 트럼프가 말한 '네 나라'도 그래서 미국입니다. 거기에 트럼프 자신도 할아버지가 미국에 이민 온 이민 3세입니다. 누가 누구한테 '네 나라로 돌아가라'라고 할 자격이 없는 것이지요. 유일한 차이가 오마는 흑인, 트럼프는 백인이라는 것밖에 없습니다. 미국이 아무리 인종차별이 있더라도 이 정도로 막 나간 일은 없었습니다. 심정적으로 트럼프를 지지하던 일부 백인들조차 우려하는 상황이 되자 결국 트럼프 대통령도 사과했습니다. 그러나 그가 마지못해 사과했고 그의 기본적인 생각이나 태도는 전혀 달라지지 않았다는 것이 너무나 분명해 보였습니다. 많은 사람들이 앞으로 얼마나 더 충격적인 일들이 벌어질지 불안과 우려의 눈길로 지켜보고 있습니다.

> ## 알아 두기
>
> ### 세계화(또는 지구화, Globalization)
> 냉전 종식 이후 본격화된 사람, 기업, 정부 간 전 세계적 상호교류와 통합의 흐름을 말합니다. 여기에는 여러 측면이 있지만, 그 중심에 소위 '신자유주의' 이론에 기초한 무역자유화가 있으므로 세계화를 자유무역과 거의 동의어로 이해하는 사람들이 많습니다. 그렇지만 세계화가 정확히 무엇이고 언제 시작되었으며 이의 결과가 무엇일지에 대해서는 학자들 사이에 아직도 치열한 논쟁이 벌어지고 있습니다.

세계화의 부메랑

지금 미국을 휩쓸고 있는 극우 포퓰리즘은 미국 역사에 전례가 없는 일입니다. 혹시 다른 나라들이 그렇더라도 미국은 예외일 것으로 생각하는 경향이 있었습니다. 그래서 사람들이 더 당황스러워하고, 원인을 궁금해합니다. 도대체 원인이 무엇일까요?

아마도 이 질문에 대한 대답의 실마리는 미국이 아닌 세계 전체로 눈을 돌릴 때 찾을 수 있을지 모릅니다. 곧 이 극우 포퓰리즘이 지금 미국뿐 아니라 전 세계에 유행하고 있다는 사실입니다. 프랑스 국민전선(Front National), 독일을 위한 대안(Alternative fuer Deutschland), 이탈리아의 북부 동맹(Lega Nord), 브라질 보우소나루(Jair Bolsonaro) 대통령, 일본 자민당과 아베 총리 등 서구와 비서구, 주요국과 개발도상국을 가리지 않고 지구 전체로 극우 포퓰리즘이 열병처럼 번져 나가고 있습니다. 많은 사람들이 한국도 예외는 아니라고 말합니다.

이런 사실은 극우 포퓰리즘 현상이 21세기 들어 세계를 휩쓸고 있는 소위 세계화 현상과 관계가 있음을 암시합니다. 우선 지금 세계화 시대에는 모든 소식이 빠르게 세계로 퍼져 나갑니다. 유행도 마찬가지예요. 극우 포퓰리즘의 세계적 유행도 어느 정도는 이런 측면이 있습니다.

그렇지만 이것이 근본적인 이유는 당연히 아닙니다. 아무 이유도 없이 그저 다른 나라가 그러니까 우리도 따라 하는 건 아닐 테니까요. 뭔가 여건이 만들어진 상태에서 이웃 나라의 소식이 하나의 자극제, 촉매가 되는 것입니다. 이 여건도 사실은 세계화의 산물입니다. 그것이 무엇일까요?

두 가지를 생각해 볼 수 있습니다. 첫째는 전 세계적인 난민과 이민의 증가입니다. 중동, 아프리카, 중남미의 소위 '실패 국가들'에서 수많은 난민이 발생하고 있고, 이들이 세계화로 느슨해진 국경들을 넘어 전 세계로 퍼져 나가고 있습니다. 특히 유럽과 미국이 몰려드는 난민들로 몸살을 앓고 있습니다. 난민촌은 범죄, 마약, 빈곤의 온상이고, 테러리스트들이 난민들에 섞여 들어와 프랑스와 벨기에에서 끔찍한 테러를 벌이기도 했습니다. 이들을 막기 위해 나라들은 필사의 노력을 기울이고 있지만 마치 인해전술을 벌이는 것처럼 몰려드는 이들을 어찌할 방법이 없습니다. 서로 난민들을 떠넘기려다 보니 이 문제로 나라들 사이에 심각한 갈등이 벌어지기도 합니다. 이런 상황에서 이민자들을 혐오하는 극우 세력이 대중의 지지를 넓혀 가는 것은 어찌 보면 당연한 일인지도 모릅니다.

실패 국가(Failed State)

주권적 정부가 더는 적절히 작동하지 못하는 수준까지 악화된 정치체를 지칭하는 용어입니다. 영토에 대한 통제권 상실, 권위의 정당성 상실, 공공서비스 제공 불능, 외국과의 외교 능력 상실 등이 실패 국가의 대표적인 증상들입니다. 한 연구결과에 따르면 실패 국가 지표 맨 위에 있는 나라는 예멘, 수단, 시리아 등이고, 북한은 위험군, 한국은 매우 안정적인 그룹에 속합니다.

두 번째로, 세계화가 각국 경제에 미치는 부정적 효과, 특히 소득 불평등 심화, 실업 증가, 경제의 불확실성 증가 등이 극우 포퓰리즘의 토양이 되고 있습니다. 이것이 가장 근본적인 문제입니다.

세계화의 경제적 효과는 이중적입니다. 자유무역의 확대로 효율적 생산과 분배가 이루어지고 전반적 소득 수준이 높아지는 것은 사실입니다. 반면 세계화는 대기업, 자본, 주요국에 유리한 구조이기 때문에 주요국과 개발도상국, 부자와 가난한 사람 사이의 격차를 더욱 심화하는 경향이 있습니다. 공장들이 저렴한 임금을 찾아 해외로 빠져나가기 때문에 주요국에서는 실업자가 많이 늘어납니다. 많은 사람이 일자리를 잃고, 그렇지 않은 사람도 언제 실업자가 될지 불안해합니다. 극우 포퓰리즘의 나무는 이런 불안한 경제 상황이 최적의 토양이 됩니다. 1930년대 독일과 이탈리아의 파시즘, 일본의 군국주의가 세계적 경제공황의 불안한 상황에서 발흥했던 것은 모두가 잘 아는 사실입니다.

현재 미국에 불고 있는 극우 열풍, 소위 '트럼프' 현상은 다른 무엇보다 세계화 현상과 깊은 관련이 있습니다. 트럼프 행정부의 정책이 반이민, 보호무역, 배타적 국익주의 같은 반세계화에 초점을 맞추고 있다는 것이 이의 증거입니다. 특히 세계화의 가장 큰 희생자인, 또는 그렇다고 느끼는 중산층 백인들의 불만과 좌절감이 이 극우적 열풍의 중심에 있습니다. 1990년대 이후 세계화를 주동하고 이를 세계에 강요한 나라가 바로 미국이었는데, 이제는 그것이 부메랑이 되어 미국을 치고 있습니다. 역사의 아이러니가 아닐 수 없습니다.

동시에 이는 세계화의 근본 구조가 바뀌지 않는 한 이의 유행도 쉽게 사라지지 않을 것, 이의 주 타깃이 세계화이고 더구나 미국이 이를 주도하고 있다는 점에서 앞으로 세계화가 전 지구적으로 거센 도전에 직면할 것임을 암시합니다. 극단적으로는 1930년대에 그랬던 것처럼 모든 나라가 '너 죽고 나 살자'라고 하는, 소위 **근린 궁핍**(Beggar Thy Neighbors)'의 극단적 보호주의로 치달을 가능성도 전혀 배제할 수 없습니다. 그 결과가 어떻게 될지는 상상만 해도 끔찍합니다.

지금 트럼프 행정부의 이념과 정책은 미국 역사를 통틀어 워낙 극단적이기 때문에 이 상태대로 아주 오래가지는 않을 것입니다. 이의 반작용으로 민주당이 집권할 수도 있고, 공화당이 다시 집권한다고 해도 강도는 많이 누그러질 것입니다. 그러나 누가 집권하든 지금까지의 포용적 이민 정책은 크게 수정되고 보호무역은 강화되며 우방들에 대한 방위분담의 요구는 더욱 거세질 것이 분명합니다. 최소한 낙관적 자유주의의 시대는 이제 미국에서 저물고 있다고 말해도 좋을 것입니다.

- 미국 정계의 이단아였던 도널드 트럼프 공화당 후보가 2016년 미국 대통령 선거에서 당선되었다.
- 트럼프의 이념과 정치는 보수주의라기보다는 극우 포퓰리즘이다. 반이민, 순혈 종족주의, 반공산주의, 보호무역주의, 반복지와 같은 극우적 성향을 내세우고, 이를 대중에 호소한다.
- 난민과 이민의 증가, 세계화로 인한 불평등 심화에 대해 미국뿐 아니라 전 세계에 극우 포퓰리즘이 유행하고 있다.

9장 미국은 초강대국으로 남을 것인가?

초강대국 (a superpower)이라는 말이 있습니다. 이는 제2차 세계대전 이후 세계를 지배했던 미국과 소련을 가리키는 말입니다. 그냥 강대국과 초강대국을 어떻게 구별할지 좀 애매하기는 합니다만, "압도적 힘과 영향력을 세계 어디로든 뻗칠 수 있어 전 지구적 패권 국가의 지위를 차지한 국가"를 초강대국이라고 할 수 있습니다.

미국은 더는 초강대국이 아니다?

이런 의미에서 미국은 세계의 진정한 초강대국이었습니다. 다른 모든 국가를 압도하는 엄청난 힘으로 오랫동안 실질적으로 세계를 지배했기 때문입니다. 더구나 1990년대 공산권이 붕괴하면서 소련이라는 또 하나의 초강대국이 사라졌기 때문에 미국은 오늘날 세계의 유일한 초강대국으로 위세를 떨치고 있습니다.

그렇다면 미국은 '얼마나' 초강대국일까요? 그리고 미국은 앞으로 얼마나 더 초강대국, 세계 패권 국가의 지위를 누릴 수 있을까요? 역사적으로 국가 안보와 경제의 많은 부분을 미국에 의존해온 우리에게 이는 대단히 중요한 질문입니다. 더구나 미국이 이미 초강대국의 지위를 상실했다거나, 머지않아 그럴 것이라는 주장을 사람들이 많이 하므로 좀 더 신경이 쓰이는 질문이기도 하지요.

특히 중국과 벌이고 있는 패권경쟁이 앞으로 어떤 결과를 가져올지에 초미의 관심이 쏠려 있습니다. 다음 표들을 볼까요? 미국과 중국의 경제력과 군사력을 비교한 자료들인데, 인터넷에서 누구나 이와 비슷한 자료들을 아주 쉽게 찾을 수 있습니다.

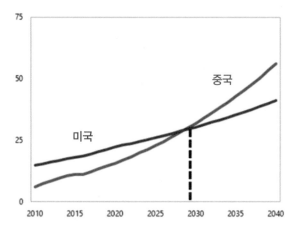

▌〈표1〉 미국, 중국의 GDP 추세

〈표1〉은 국내총생산(GDP)으로 표시된 경제 규모에서 중국이 2030년 미국을 추월하는 것을 보여줍니다. 국제통화기금(IMF) 자료인데, 사실 이는 굉장히 '보수적인' 예측에 속합니다. 많은 사람이 경제력에서 중국이 미국을 이미 추월했거나 최소한 비슷한 수준에 와 있다고 주장합니다.

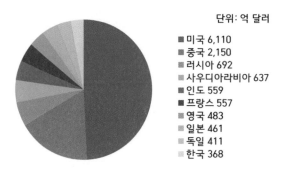

단위: 억 달러

■ 미국 6,110
■ 중국 2,150
■ 러시아 692
■ 사우디아라비아 637
■ 인도 559
■ 프랑스 557
■ 영국 483
■ 일본 461
■ 독일 411
■ 한국 368

❚ 〈표2〉 세계 각국의 군사비 지출

〈표2〉는 스톡홀름 평화연구소(SIPRI)에서 발표한 2016년 세계 주요 국가의 군사비 지출 규모입니다. 미국이 압도적 1위이고 중국이 그 뒤를 잇고 있습니다. 미국의 군사비 지출 규모는 정체되었지만, 중국은 급속히 커지고 있으므로 머지않아 군사비 지출 규모도 중국이 미국을 따라잡을 것으로 전망됩니다. 〈표3〉은 그 시기를 대략 2040년대로 전망합니다.

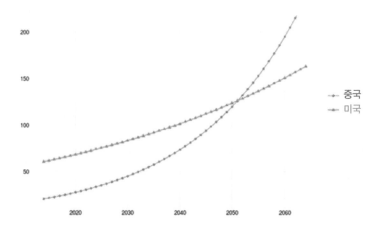

❚ 〈표3〉 미국, 중국의 군사비 추세

이것만 놓고 보면 미국은 이미 '초강대국'이 아닙니다. 주요 국력 지표에서 경쟁국들, 특히 중국에 압도적 우위에 있지도 않고 그것마저 앞으로 10~20년 안에 따라 잡힐 것이기 때문입니다. 국력이 최고조에 있을 때 미국의 경제 규모는 세계의 거의 반을 차지했습니다. 군사력 또한 세계 유일의 핵무기 보유국으로 지구의 다른 모든 국가를 합쳐도 미국 한 나라의 군사력에 맞설 수 없을 정도였지요. 그렇지만 1970년대 이후로 미국의 경제력은 뚜렷이 약해지고 있습니다. 지금은 중국, 일본, 유럽연합과 비슷한 수준으로 떨어져 있습니다. 군사력은 여전히 '초강대국' 수준이기는 합니다만 이는 역설적으로 미국 국력의 약점이 될 수도 있습니다. 경제력에 견주어 너무 군사비 지출이 많아, 가뜩이나 어려운 경제에 더욱 부담을 줄 수 있기 때문입니다.

양보다 질 – 미국의 소프트파워

그렇다면 어떻게 말해야 할까요? 미국은 더는 세계의 초강대국이 아닌가요?

결론적으로 말하면, 반드시 그렇다고 말할 수는 없습니다. 확실히 미국이 1950~1960년대처럼 압도적 초강대국은 아닙니다. 그러나 미국은 여전히 위의 숫자만으로는 알 수 없는 강력한 힘을 가지고 있습니다. 사실 위의 숫자도 잘못된 것입니다. 예를 들어 위 〈표1〉에서 미국, 중국의 GDP 예측은 미국의 경제성장률을 연 2%, 중국은 연 6%로 가정한 것입니다. 한마디로 이는 비현실적입니다. 중국이 앞으로 수십 년 동안 지금 같은 폭발적 경제 성장세를 유지하는 것은 불가능하기 때문입니다. 미국의 경제성장률을 위 표보다 조금 높게, 중국의 그것은 조금 낮게 가정하면 중국은 영원히 미국을 따라 잡을 수 없을지도 모릅니다.

다른 하나는, 쉽게 말해 '양만큼 질도 중요하다'라는 것입니다. 경제력은 경제 규모 못지않게 기술력 같은 경제의 질이 중요하고, 군사력 또한 군대의 사기, 첨단 무기, 전투경험 같은 무형의 요소가 못지않게 중요합니다. 미국은 이런 점에서 아직 다른 경쟁국들을 압도하고 있고 앞으로도 그런 압도적 우위는 쉽게 사라지지 않을 것입니다.

조지프 나이(Joseph Nye)라는 유명한 학자는 국력의 이런 눈에 보이지 않는 요소들을 '소프트파워'라고 부릅니다. '문화적 힘(Cultural Power)'이라고 부르는 사람도 있습니다. 사람에 비유해 볼까요? 우리가 누구를 '힘이 세다'고 할 때, 여기에는 말 그대로 그 사람의 육체적 힘뿐 아니라, 경제력, 사회적 지위, 지식, 도덕적 힘, 권위 같은 것들이 포함됩니다. 극단적으로 말하면 신체적으로 허약하고 돈이 없는 사람도 지식과 권위, 이른바 '카리스마' 같은 것으로 타인에 영향력을 행사하고 그를 지배할 수도 있습니다.

물론 어렵고 애매한 개념인 것은 사실입니다. 무엇이 소프트파워인지, 이를 어떻게 측정할지, 하드파워와 소프트파워가 어떤 관계에 있는지, 어려운 질문들이 한둘이 아닙니다. 가장 쉽게, 지식을 소프트파워의 중요한 요소로 보고, 국가의 지식은 대학에 있다고 가정해 봅시다. (전혀 터무니없는 가정은 아니겠죠?) 다음은 U.S. News & World Report가 자체평가를 통해 발표한 2019년 세계 10대 대학입니다.

1. 하버드대학교 (미국)

2. MIT 공과대학교 (미국)

3. 스탠퍼드대학교 (미국)

4. 버클리 캘리포니아대학교 (미국)

5. 옥스퍼드대학교 (영국)

6. 캘리포니아 공과대학교 (미국)

7. 케임브리지대학교 (영국)

8. 컬럼비아대학교 (미국)

9. 프린스턴대학교 (미국)

10. 워싱턴대학교 (미국)

▮ 미국 매사추세츠주에 있는 하버드대학교

10위 안에 8개, 20위 안에 16개의 미국 대학들이 자리하고 있습니다. 50위까지 범위를 넓히면 30개, 100위까지는 46개의 미국 대학들이 이름을 올리고 있습니다. 이 정도면 적어도 대학, 즉 국가의 지식만을 놓고 볼 때 미국은 초강대국이 아니라 '초초강대국'이라고 불러도 조금도 이상하지 않습니다.

흔히 말하는 '미국의 정신'도 미국의 강력한 소프트파워입니다. 많은 사람들이 자유, 평등, 기회, 민주주의, 모험심 같은 미국의 정신, 미국의 가치에 동조합니다. 적어도 인류에 자유의 열망과 동경이 남아 있는 한 미국은 인류의 그 열망과 동경의 대상이 될 것입니다. 이것이 미국이 초강대국이라는 지위를 누리는 데 매우 중요한 역할을 합니다. 자유와 민주주의의 이름으로 테러와의 전쟁을 벌이고, 핵무장을 추구하는 북한을 압박하고 있습니다. 자유와 민주주의의 가치는 원칙상 누구도 부정할 수 없으므로 미국의 이런 행위는 그만큼 강력한 명분을 가지는 것이고 이를 통해 다른 나라들을 강제하고 영향력을 행사할 수 있습니다.

미국의 패권적 질서와 제도

이뿐만이 아닙니다. 지금 세계의 정치와 경제는 미국이 전파한 **현실주의와 자유주의** 이론 그리고 제도들에 의해 움직이고 있습니다. 집단안보를 구현하는 국제연합(UN), 자유무역의 실현을 목표로 하는 **세계무역기구**(WTO), 세력균형의 원칙에 기반한 국제동맹체제 등을 예로 들 수 있겠습니다. 이 같은 규범과 제도들은 원래 미국이 강력한 힘으로, 자신의 이익을 위해 세계에 강요한 것이기는 하지만 한 번 정착되면 그 힘이 없이도 세계를 더욱 효과적으로 지배할 수 있습니다. 이는 일찍이 마르크스가 **상부구조**와 **하부구조**의 개념을 통해 설파한 것입니다. 간단히 말하면 자본가들은 법, 종교, 도덕 같은 '소프트파워'를 통해 물리적 강제나 폭력 없이도 프롤레타리아를 효과적으로, 더욱 완벽하게 지배할 수 있다고 하는 것입니다. 이처럼 자유, 민주주의, 자유무역의 가치와 제도들이 오늘날 미국이 세계를 지배하는 중요한 수단이 되고 있음은 누구도 부인할 수 없습니다.

미국은 하루아침에 만들어지지 않았다

미국의 하드파워와 소프트파워는 하루아침에 만들어진 것이 아닙니다. 그만큼 다른 나라들이 빨리, 쉽게 따라잡을 수 없는 부분이 있습니다. 예를 들어 미국의 군사력은 최첨단 무기만 있는 게 아닙니다. 전쟁으로 시작해 전쟁으로 제국이 된 나라가 미국입니다. 전쟁의 '노하우' 면에서 누구도 미국의 적수가 되지 못합니다.

미국의 정치제도, '미국의 정신' 같은 것도 마찬가지입니다. 흔히 민주주의는 이론이 아닌 경험의 문제라고 말하지 않습니까? 교과서를 공부하는 것만으로 다 민주주의를 할 수 있는 것은 아닙니다. 자신에 맞는 민주주의의 제도와 운영기술은 오직 수많은 경험을 통해서만 습득될 수 있기 때문입니다. 같은 부자라도 복권에 당첨되어 부자가 된 사람과 수십 년 피나는 노력으로 재산을 일군 사람은 재산을 대하는 태도와 가치가 전혀 달라서 '같은' 부자라고 말할 수 없는 것과 똑같은 이치입니다. 미국이 수많은 국내외 문제들이 있음에도 여전히 세계 초강대국으로 남을 수 있는 것은 경험에 바탕을 둔 안정적 정치·경제·사회 제도들이 있기 때문입니다.

요점은, 미국은 쉽게 망하지 않는다는 것입니다. 초강대국은 아닐지 몰라도 세계 최강국의 지위와 영향력은 최소한 앞으로 수십 년간 유지될 것입니다. 아니면 더 길 수도 있습니다. 앞에서 말한 폴 케네디라는 역사학자가 있었지요. 한때 그는 자신의 이론에 따라 미국의 급격한 퇴조를 예견했습니다만, 지금은 적어도 앞으로 1세기 동안은 미국의 '제국적 지위'가 유지될 것이라고 주장합니다.

숫자로 살펴보기

세계적 여론조사 기관 Pew 연구소(Pew Research Center)의 조사 결과
에 따르면, '세계의 리더로 미국과 중국 가운데 누구를 선호하는가?'라
는 질문에 대부분 나라에서 사람들은 압도적으로 미국을 선택했습니
다. 한국과 일본은 그중에서도 미국에 대한 선호도가 특히 높은 나라에
속합니다.

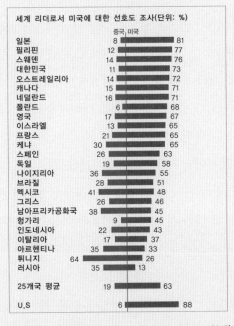

세계 리더로서 미국에 대한 선호도 조사(단위: %)

중국, 미국

나라	중국	미국
일본	8	81
필리핀	12	77
스웨덴	14	76
대한민국	11	73
오스트레일리아	14	72
캐나다	15	71
네덜란드	16	71
폴란드	6	68
영국	17	67
이스라엘	13	65
프랑스	21	65
케냐	30	65
스페인	26	63
독일	19	58
나이지리아	36	55
브라질	28	51
멕시코	41	48
그리스	26	46
남아프리카공화국	38	45
헝가리	9	45
인도네시아	22	43
이탈리아	17	37
아르헨티나	35	33
튀니지	64	26
러시아	35	13
25개국 평균	19	63
U.S	6	88

출처: Pew 리서치 센터 GAS(Global Attitutes Survey, 2018)

폴 케네디의 이러한 견해가 얼마나 타당성이 있는지는 사실 시간이 지나 봐야 알 수 있을 것입니다. 전문가 대다수는 여기에 동의하지 않는 것 같습니다. 당장 미국의 패권적 지위가 무너질 것처럼 말하는 것도 사실이 아니지만, 현재 지위가 약해지지 않고 백 년을 갈 것이라는 견해도 지나친 생각입니다. 물론 미국이 만든 질서와 제도는 이보다 훨씬 오래갈 것입니다. 로마 제국은 망했어도 로마의 법과 제도는 아직 살아 있는 것처럼 말입니다.

차선? 차악?

미국은 분명 초강대국으로서의 패권적 지위를 유지하기를 원할 것입니다. 그리고 어쩌면 세계가 이것을 원하고 있는지도 모릅니다. 싫든 좋든 패권 국가와 이의 패권적 질서가 무너지면 세계에 큰 혼란이 온다는 것이 우리 인류의 역사적 경험입니다. 더욱이 미국의 패권이 다른 경쟁국, 예를 들어 중국이나 러시아로 넘어간다면? 아마 대부분의 나라가 이보다는 차라리 미국이 그냥 패권 국가로 남아 있기를 바랄 것입니다. 미국이 최선은 아니라도 차선, 아니면 나쁘지만 적어도 최악은 아니라는 것이지요.

다만 문제는 미국 혼자 힘만으로는 이 질서를 유지하는 것이 갈수록 더 어려워질 것이라고 하는 사실입니다. 미국은 점점 더 동맹국에 '짐을 나누어 짊어지자(burden-sharing)'라는 요구를 강하게 할 것입니다. 어느 정도 선택을 강요하는 것이지요. '짐을 나누어 짊어지고. 아니면 난 내려놓을 테니까 너희들끼리 잘 해보든지' 하는 식으로 말입니다. 혹자는 말로만 그렇지 미국이 실제로 그렇게 하지는 못할 것이라고 주장합니다. 그러나 전에 말한 것처럼 미국은 '언덕 위의 도시'로 돌아가려는 '고립주의'의 본성이 있고, 지정학적 위치, 풍부한 자원, 잘 갖춘 제도로 얼마든지 혼자 잘 살 수 있는 나라입니다. 전혀 가능성 없는 이야기가 아닙니다.

특히 한국은 여기에서 매우 어려운 결정을 해야 할 수도 있습니다. 미국은 여전히 한반도 안보의 열쇠를 쥐고 있고, 한국에 대해 '분담'의 요구를 가중하고 있습니다. 한국으로서는 미국의 그런 요구를 마냥 거부할 수 없고 어느 정도 따를 수밖에 없지만, 이제는 중국의 반발이 문제가 됩니다. 최악의 경우 미국과 중국 사이에서 선택을 강요받는 상황이 올 수도 있습니다. 몇 년 전 **사드**(THAAD) 미사일 한국 배치를 둘러싸고 벌어진 한·미·중 갈등은 이 점에서 매우 상징적인 사건입니다. 최선은 그런 상황에 내몰리지 않는 것이지만, 쉽지만은 않습니다. 어떤 선택을 하든 한국으로서는 국익에 대한 극히 냉철한 판단과 결단력이 요구되는 상황이라고 할 수 있겠습니다.

미국의 퇴조는 세계와 한국에 불확실한 미래를 안겨 주고 있습니다. 길게 보면 미국의 패권적 지위와 질서는 언젠가는 무너지겠지요. 그러나 적어도 당분간은 이것이 유지될 가능성이 크고, 그렇게 되는 것이 또한 어느 정도 세계에 유리합니다. 관건은 미국과 세계가 이를 위해 협력하고, 그 과정에서 미국만이 아닌 모든 나라에 좀 더 공평한 질서와 제도를 발전시켜 나가야 한다는 것입니다. 미국이 자신의 요구만을 고집하여 동맹국들이 등을 돌린다든지, 이에 실망한 미국이 고립주의로 떨어져 나간다든지, 아무런 대안도 없이 세계가 미국의 질서를 벗어 던지려고만 하면, 아마도 세계의 미래는 지금보다 더 나빠질 것입니다.

- 소련의 해체로 냉전이 종식되면서 미국은 세계 유일의 초강대국으로 남았다. 그러나 여전히 초강대국 수준인 군사력에 견주어, 미국의 경제력은 뚜렷이 약해지고 있다.
- 그러나 국제연합, 세계무역기구와 같은 미국 주도의 세계질서, 그리고 미국의 소프트파워 등을 고려하면, 미국이 쉽게 망하지는 않을 것이다.
- 미국 주도의 세계질서를 유지하기 위한 부담을, 미국은 점점 동맹국에 분담시키려 하고 있다. 중국의 반발도 의식해야 하는 한국으로서는 국익에 대한 냉철한 판단이 필요하다.

용어 설명

가쓰라 · 태프트 밀약 1905년에 일본 총리 가쓰라 다로와 미국 육군 장관 태프트가 주도하여 맺은 미국과 일본의 비밀 협정. 일본은 필리핀에 대한 미국의 식민 통치를 인정하고, 미국은 조선에 대한 일본의 식민 통치를 인정한다는 내용을 포함한다.

각료 한 나라의 내각을 구성하는 각 장관.

건국의 아버지들(The Founding Fathers) 미국의 독립과 건국을 이끈 위대한 인물들을 칭하는 용어다. 조지 워싱턴을 필두로 벤저민 프랭클린, 존 애덤스, 토머스 제퍼슨, 알렉산더 해밀턴, 제임스 매디슨 등이 건국의 아버지로 손꼽히는 인물들이다.

고립주의 외교 방침에 있어서 국제 관계에 참여하거나 간섭하지 아니하려는 태도. 일정한 국제 체제 아래에서 국가가 다른 국가와의 정치적 · 군사적 동맹을 피하여 대외 활동의 자유를 확보하고, 국가이익을 지키려는 외교 성향이나 감정을 뜻한다.

국민 총생산 일정 기간 한 나라의 국민이 생산한 재화와 용역의 부가 가치를 시장 가격으로 평가한 총액. 보통 1년간을 단위로 하며, 그 나라의 경제 규모를 재는 척도가 된다.

근린 궁핍 정책(Beggar Thy Neighbors Policy) 이웃 나라의 경제를 망가뜨려 자국 경제를 살리려는 정책을 말한다. 1930년대 대공황 당시 모든 나라가 경쟁적으로 관세보호무역정책에 뛰어들었던 것이 대표적이다.

남북전쟁 미국에서, 노예 제도의 폐지를 주장하는 북부와 존속을 주장하는 남부 사이에 일어난 내전. 1860년에 링컨이 대통령에 당선되자 남부의 여러 주가 연방을 탈퇴하고 이것을 계기로 전쟁이 벌어졌다. 남부가 1865년에 항복함으로써 합중국의 통일이 유지되고 노예 제도는 폐지되었다.

냉전 직접 무력을 사용하지 않고, 경제 · 외교 · 정보 등을 수단으로 하는 국제적 대립. 특히 제2차 세계대전 이후 미국과 소련을 중심으로 한 자본주의와 공산주의의 대립을 뜻하며, 1991년 소련의 해체와 사회주의권의 몰락으로 양

진영 사이의 냉전 상태는 사실상 종결되었다.

문호 개방 정책(The Open Door Policy) 1899년 미국이 열강의 중국 분할정책에 반발해 일방적으로 선언한 원칙으로, 중국과 교역하는 데 있어 미국에도 동등한 특권을 부여하고, 열강이 중국의 주권과 독립을 보장할 것을 요구했다.

베트남전쟁 베트남의 독립과 통일을 위하여 벌인 전쟁. 1960년에 결성된 남베트남 민족 해방 전선이 북베트남의 지원 아래 남베트남군 및 이들을 지원하는 미국군과 싸워 이겨 1969년에 임시 정부를 수립하였으며 미군 철수 후 1975년에 남베트남 정부가 무너짐으로써 남북이 통일되었다.

사드 적의 탄도미사일 공격으로부터 방어할 목적으로 제작된 공중방어시스템.

상부구조 유물 사관에서, 정치·법률·도덕·예술 등의 관념 및 이에 대응하는 제도와 기관들을 이르는 말. 사회 형성의 토대가 되는 경제적 구조에 의하여 규정된다. 마르크스주의의 용어다.

세계무역기구 세계 각국이 참여하여 결성된 경제 기구. 1995년 1월 1일에 출범하여 가트(GATT)의 업무를 대신하며, 세계 무역 분쟁 조정·관세 인하 요구·반덤핑 규제 등의 법적인 권한과 구속력을 행사할 수 있다. 본부는 제네바에 있다.

아메리칸 드림 미국 사람들이 가진, 미국적인 이상 사회를 이룩하려는 꿈. 다수 미국인의 공통된 소망으로 무계급 사회와 경제적 번영의 재현, 압제가 없는 자유로운 정치 체제의 영속 등이다. 또는 미국에 가면 무슨 일을 하든 행복하게 잘 살 수 있으리라는 생각을 의미한다.

알카에다 오사마 빈라덴이 만든 이슬람의 국제 테러 조직. 2001년 9·11 테러를 일으켰다.

적성국 적으로 간주될 수 있거나, 전쟁 법규상 공격·파괴·포획 등의 가해 행위를 할 수 있는 범위에 드는 국가.

전국총기협회 개인의 총기 소유 합법화를 주장하는 미국의 민간단체. 1871년 과학적 토대 위에서 미국인들의 사격술을 향상시킨다는 기치를 내걸고 뉴욕에서 발족했다.

집단안보체제 국가의 안전을 한 나라의 군비 증강이나 다른 나라와의 동맹으로 해결하지 아니하고 여러 나라가 협력하여 보장하는 체제.

청소년 불법 이민자 추방 유예 조치 불법 체류자 신분으로 미국 내에 들어오거나 남아있는 미성년자의 국외추방을 유예하는 미국 이민법 제도다. 2012년 오바마 행정부가 도입했으나 2017년 트럼프 행정부가 폐지했다.

태평천국운동 1851년에 청나라에서 홍수전이 일으킨 농민 운동. 남녀평등, 토지 균분, 청나라 타도를 주장하며 그 세력을 키워나갔으나 1864년에 평정되었다.

토머스 홉스 17세기 영국 사상가. 《리바이어던》의 저자. 자연 상태를 '만인이 만인에 싸움을 벌이는 상태'로 보고, 이의 공포에서 벗어나기 위해 사람들이 계약을 체결하고 국가에 자신의 모든 권력을 양도했다고 주장했다.

포퓰리즘 인기를 좇아 대중을 동원하여 권력을 유지하려는 정치적 태도나 경향.

하부구조 유물 사관에서, 정치·법률·사상 등의 상부구조를 근본적으로 규정하는 물질적 생산 관계의 총체를 이르는 말. 마르크스주의의 용어.

현실주의/자유주의 오늘날 국제관계를 바라보는 두 가지 상반된 시각을 말한다. 현실주의는 국제관계가 소위 권력 관계, 힘의 균형에 의해 유지된다고 보지만, 자유주의는 권력, 힘보다는 제도, 법, 도덕이 국제관계에서 중요하다고 본다.

9·11 테러 2001년 9월 11일 발생한 테러 사건. 미국 뉴욕의 세계무역센터(WTC) 쌍둥이 빌딩과 워싱턴의 국방부 건물에 대한 항공기 동시다발 자살 테러였다.

1607년	버지니아 제임스타운 식민지가 세워졌다. 북아메리카 최초의 영국 식민지였다.
1620년	영국인 청교도들이 메이플라워호를 타고 대서양을 건너 북아메리카에 도착해 플리머스 식민지를 세웠다.
1776년	대서양 연안의 북아메리카 13개 식민지가 7월 4일 〈독립선언문〉 을 발표하여 영국으로부터의 독립을 선언했다.
1783년	파리조약이 체결되어 영국이 미국의 독립을 인정하고, 미국독립전쟁이 종결되었다.
1787년	각 주 대표들이 필라델피아 제헌 회의에 모여 헌법을 제정했다.
1789년	미국 정부가 공식 출범했다. 독립전쟁의 영웅 조지 워싱턴이 초대 대통령으로 취임했다.
1791년	미국의 〈권리장전〉이 제정되었다. 헌법 수정 제1~10조를 마련하 여 연방정부의 권력을 제한하고 시민의 권리를 보호했다.

1803년	미국이 프랑스로부터 루이지애나를 헐값에 매입했다.
1819년	미국이 스페인으로부터 플로리다를 넘겨받았다.
1845년	언론인 존 오설리번이 '명백한 천명(Manifest Destiny)'이라는 표현을 최초로 썼다. 이는 곧 미국 서부 진출의 역사적 성격을 규정하는 용어로 보편화하였다.
1846년	미국과 영국이 오리건조약을 맺어 미국·캐나다 사이의 오리건 국경 분쟁을 매듭지었다.
1866년	대동강에 허락 없이 들어온 미국 상선 제너럴셔먼호를 평양 관민들이 불태웠다.
1867년	미국이 러시아로부터 알래스카를 헐값에 사들였다.
1871년	제너럴셔먼호 사건을 추궁하기 위해 미국 극동 함대가 강화도를 공격한 신미양요가 발생했다.

1882년	조미수호통상조약을 체결했다. 중국인 이민 금지법이 미국 의회를 통과하여 1943년까지 존속했다.
1885년	미국인 선교사 언더우드와 아펜젤러가 한국에 와 기독교를 전파했다.
1898년	미국이 스페인과의 전쟁에서 승리하여, 스페인의 식민지였던 쿠바·푸에르토리코·괌·필리핀 등을 빼앗았다.
1905년	가쓰라·태프트 밀약으로 미국은 일본의 조선 장악을 묵인했다.
1917년	미국이 독일에 선전포고하고 제1차 세계대전(1914~1918)에 참전했다.
1924년	미국이 새로운 이민법을 통과시켜 각 인종, 국가별로 이민 쿼터를 부과했다.
1941년	일본의 진주만 공습으로 인해 미국 이 제2차 세계대전(1939~1945)에 참전했다.

1950년	미국이 한국전쟁에 참전했다.
1953년	정전협정이 체결되어 한국전쟁이 휴전하였다. 한미상호방위조약을 체결했다.
1964년	미국이 통킹만 사건을 구실로 베트남전쟁에 개입했다.
1965년	미국이 이민귀화법을 통과시켜 기존의 이민 쿼터를 철폐했다.
1991년	소련이 해체되어 냉전이 종식되고, 미국이 세계 유일의 초강대국으로 남았다.
2001년	알카에다가 9·11테러를 자행했다. 이후 미국은 '테러와의 전쟁'을 선포했다.
2007년	버지니아공대 총기 난사 사건이 벌어졌다.
2016년	미국 대통령 선거에서 도널드 트럼프 공화당 후보가 당선되었다.

아메리카합중국
United States of America

 언어
영어(스페인어, 중국어도 준공식언어로 인정)

 국기
성조기(Stars and Stripes)

 **인구(2019년 기준)**
329,676,200명(세계 3위)

| 0 | 2억 | 4억 |

미국의 정치

미국 헌법은 대통령을 수반으로 하는 행정부, 양원(상원과 하원)으로 구성되는 의회를 포함하는 입법부, 연방대법원을 중심으로 하는 사법부로 정부를 나누고 있으며, 견제와 균형을 기하는 제도를 통해 각부의 역할을 제약함으로써 각부의 권력 편중을 방지한다. 미국의 대통령은 부통령과 함께 4년 임기로 선출되며, 대통령의 연임은 2회로 제한된다. 미국의 양대 정당인 민주당과 공화당이 연방과 주 정부를 장악하고 있다.

알래스카

수도
워싱턴 D.C.

하와이

면적
9,826,675km²(세계3위)

미국의 경제

미국의 경제 체제는 민주주의적 혼합 경제로, 풍부한 천연자원을 보유하고 있으며, 기반 시설이 잘 갖추어져 높은 생산성을 누리고 있다. 미국의 2018년 기준 명목상 국내 총생산(GDP)은 20조 4,128억 달러로, 이는 세계 총생산(GWP)의 23%에 달할 정도로 세계 제일의 경제 규모. 중국이 국내 총생산 14조 925억 달러로 세계 2위 수준이다.

미국의 국가

성조기여 영원하라(The Star-Spangled Banner)

O say, can you see, by the dawn's early light,
What so proudly we hailed at the twilight's last gleaming,
Whose broad stripes and bright stars, through the perilous fight,
O'er the ramparts we watched, were so gallantly streaming?
And the rockets' red glare, the bombs bursting in air,
Gave proof through the night that our flag was still there;
O say, does that star-spangled banner yet wave
O'er the land of the free and the home of the brave?

여명의 빛이여,
황혼의 마지막 빛에
자랑스레 서 있던 우리 성조기
밤의 어두움을 뚫고
요새 위에 아직도 용감히 나부끼나니
대포의 섬광과 작열하는 포탄에도
성조기는 굳건히 서 있구나!
휘날리는 성조기여,
자유의 땅과 용자의 고향에 영원하라!

찾아보기

내인생의책 은 한 권의 책을 만들 때마다
우리 아이들이 나중에 자라 이 책이 '내 인생의 책'이라고 말할 수 있는 책을 만들고자 합니다.

세상에 대하여 우리가 더 잘 알아야 할 교양
⑲ **미국** 어떻게 초강대국이 되었을까?

유종선 지음

초판 인쇄일 2019년 12월 5일 | 초판 발행일 2019년 12월 19일
펴낸이 조기룡 | 펴낸곳 내인생의책 | 등록번호 제10-2315호
주소 서울시 성동구 연무장5가길 7 현대테라스타워 E동 1403호
전화 02) 335-0449, 335-0445(편집) | 팩스 02) 6499-1165

ISBN 979-11-5723-567-4 (44300)
       979-11-5723-416-5 (세트)

책값은 뒤표지에 있습니다. 잘못된 책은 구입처에서 바꾸어 드립니다.

이 도서의 국립중앙도서관 출판예정도서목록(CIP)은 서지정보유통지원시스템 홈페이지(http://seoji.nl.go.kr)와
국가자료종합목록 구축시스템(http://kolis-net.nl.go.kr)에서 이용하실 수 있습니다. (CIP제어번호 : CIP2019042150)

내인생의책에서는 참신한 발상, 따뜻한 시선을 가진 원고를 기다리고 있습니다.
원고는 나무의 목숨값에 해당하는 가치를 지녔으면 합니다.
원고는 내인생의책 전자우편이나 홈페이지를 이용해 보내 주세요.

전자 우편 bookinmylife@naver.com | 홈페이지 http://bookinmylife.com

어린이제품 안전 특별법에 의한 제품 표시
제조자명 내인생의책 | **제조 연월** 2019년 12월 | **제조국** 대한민국 | **사용연령** 5세 이상 어린이 제품
주소 및 연락처 서울시 성동구 연무장5가길 7 현대테라스타워 E동 1403호   02) 335-0449